訳注 吽字義釈

松長有慶

春秋社

訳注　吽字義釈

目　次

『吽字義釈』本論　25

凡例

一　本書は弘法大師・空海の著作になる『吽字義釈』を取り上げ、その内容について広く江湖の理解を得るために、もとになる漢文を、まず【現代表現】に改めて提示し、ついで【読み下し文】と【原漢文】を加え、さらに原文中の難解な用語を解説する【用語釈】を付す四段の構成からなる。ただし必要に応じて、【要旨】、【解説】などを付け加えた。

一　底本として『定本弘法大師全集』第三巻（密教文化研究所　平成六年）に依ったが、『弘法大師全集』第一輯（祖風宣揚会編　明治四三年刊、高野山大学密教文化研究所　昭和四〇年復刊）をも参照した上で、著者の見解に基き、【読み下し文】を作成した。

一　【原漢文】は中川善教編著『漢和対照　十巻章』（高野山出版社　昭和五二年）を参照したが、【定弘】と【弘全】と異なる場合、著者の見解により改めた箇所もある。

一　漢文の助辞、副詞、代名詞、接続詞も、できる限り漢字で残したが、漢字が連続して読みにくい場合は、かな書きに改めた箇所もある。

一　漢字は旧字、略字、俗字などを、現行の字体に改めた。ただし略字などが旧字と意味が変わる場合は、旧字を用いた。（例）辨（弁）、慧（恵）など。

一　参考文献が版本であって、和綴じ本で中央に頁数が記されている場合、本書では、頁に続き左右の順で記載している。また『続真言宗全書』では頁数が、上部では算用数字が、下部では漢数字が用いられ、両数字が必ずしも一致していないが、本書では上部に掲載されている算用数字に依っている。『真言宗全書』では、注釈書ごとの頁数と、通頁数の両方が記載されているが、通頁に依った。

参考文献

（【　】は略記号）

〈基本文献〉

『弘法大師全集』第一輯　高野山大学密教文化研究所　一九六五年（増補三版）【弘全】

『定本弘法大師全集』第三巻　高野山大学密教文化研究所　一九九四年【定弘】

〈原漢文の参考文献〉

中川善教編『漢和対照　十巻章』高野山出版社　一九七七年【中川】

〈参考文献〉

（江戸時代までの注釈書）

隆源（一二〇四以前―一二六六以後）

『吽字義釈勘注鈔』三巻（『真言宗全書』第十五巻）続真言宗全書刊行会　一九七七年【隆源】

頼瑜（一二二六―一三〇四）

『吽字義探宗記』三巻（『真言宗全書』第十五巻）続真言宗全書刊行会　一九七七年【頼瑜】

『吽字義愚草』三巻（写本）【愚草】

定俊（一三三三―一三七二以後）

『吽字義聞書』一巻（『真言宗全書』第十五巻）続真言宗全書刊行会　一九七七年【定俊】

宥快（一三四五―一四一六）

『吽字義鈔』十巻（『真言宗全書』第十五巻）続真言宗全書刊行会　一九七七年【略鈔】

『吽字義命息鈔』十巻（『続真言宗全書』第十八巻）続真言宗全書刊行会　一九八四年【広鈔】

成雄（一三八一―一四五一）

『吽字義問題』三巻（『続真言宗全書』第十八巻）続真言宗全書刊行会　一九八四年【成雄】

頼誉（一四五五―一五三二）
『吽字義聞書』一巻（『真言宗全書』第十五巻）続真言宗全書刊行会　一九七七年【頼誉】

浄厳（一六三九―一七〇二）
『吽字義旋陀羅尼門釈』一巻（『続真言宗全書』第十八巻）続真言宗全書刊行会　一九八四年【浄厳】

覚眼（一六四二―一七二〇）
『吽字義撮義鈔』三巻（『智山全書』第八巻）智山全書刊行会　一九六六年【覚眼】

曇寂（一六七四―一七四二）
『吽字義私記』三巻（『真言宗全書』第十五巻）続真言宗全書刊行会　一九七七年【曇寂】

妙瑞（一六九六―一七六四）
『続宗義決択集』巻第一（合本十二冊の内）佐伯旭雅改訂／源宏忍校訂　一八九一年【妙瑞】

亮海（一六九八—一七五五）
『吽字義講筵』三巻（『智山全書』第八巻）智山全書刊行会　一九六六年【亮海】
周海（—一七七九）
『吽字義纂要』二巻（『真言宗全書』第十五巻）続真言宗全書刊行会　一九七七年【周海】

（近代の解説書）

塚本賢暁
『国訳吽字義』（『国訳密教』論釈部一）国訳密教刊行会　一九二〇年【塚本】
那須政隆
『吽字義』（『国訳一切経』諸宗部二十）大東出版社　一九三七年【国訳】
『《吽字義》の解説』大本山成田山新勝寺　一九八五年【那須】
（伝統教学を踏まえた懇切丁寧な注記を付した解説書）
長谷宝秀
「吽字義玄談」（『十巻章玄談』、『長谷寶秀全集』第二巻）法蔵館　一九九七年【長谷】

（伝統教学の立場から見た要点の紹介）

栂尾祥雲

『現代語の十巻章と解説』高野山出版社　一九七五年　【栂尾】

（伝統教学を踏まえつつ戦後の時代の要請に応えた現代語の名訳だが現在では難解）

小野塚幾澄

『吽字義』（『弘法大師空海全集』第二巻）筑摩書房　一九八三年　【小野塚】

小田慈舟

『吽字義講説』（『十巻章講説』上巻）高野山出版社　一九八四年　【小田】

（古義の伝統教学に沿った忠実な解説書で傾聴すべき見解が少なくないが、現代人にはやや難解）

頼富本宏

『吽字義』（『空海』・『日本の仏典』2）筑摩書房　一九八八年　【頼富】

（新しい学術成果を盛り込もうとしている特色を持つ）

宮坂宥勝

『傍訳弘法大師空海 吽字義 般若心経秘鍵』四季社　二〇〇二年【宮坂】
（現代人にメッセージを発しようとする）

福田亮成
『現代語訳　吽字義』（『弘法大師に聞くシリーズ』7）ノンブル社　二〇〇五年【福田】
（空海の主要な著作の現代語訳の一環）

松本照敬「『吽字義』考」『成田山仏教研究所紀要』二五　二〇〇二年【松本】
（頌を韻文で現代語化する点と、サンスクリット語との対応に特色がある）

北尾隆心
『吽字義』（『空海コレクション』2）ちくま学芸文庫　二〇〇四年【北尾】
（頼富訳と似ているが、独自の観点からの記述も残る）

加藤精一
『空海「即身成仏義」「声字実相義」「吽字義」』角川ソフィア文庫　二〇一三年【加藤】
（現代の読者を意識した分かりやすい日本語が特色。ただ意訳が過ぎる点もみられる）

HAKEDA, Yoshito S. *Kukai : Major Works*, Columbia University Press　一九七二年

【Hakeda】

KAWAHARA, Eihō & JOBST, C. Yūhō *Ausgewählte Schriften : Sokushin-jōbutsu-gi, Shōji-jissō-gi, Unji-gi, Hannya-shingyō-hiken*, Iudicium, 一九九二年 【Jobst】

Giebel, Rolf W. *Shingon Texts*（Numata Center for Buddhist Translation and Research） 二〇〇四年 【Giebel】

TAKAGI, S. & DREITLEIN, T. *Kūkai on the philosophy of language*, Keio University Press 二〇一〇年 【高木・ドライト】

（近代の研究書・論文）

村上保壽『空海教学の真髄――『十巻章』を読む』法蔵館 二〇一六年 【村上】

岡村圭真『空海思想とその成り立ち』（『岡村圭真著作集』第一巻）法蔵館 二〇一九年

弘法大師著作研究会編『『吽字義』の研究』（高野山大学密教文化研究所紀要 別冊） 二〇二一年 【紀要別・吽】

『大正新脩大蔵経』第三十二巻五百七十二頁下段（例示）

【大正】三二・五七二下

訳注　吽字義釈

『吽字義釈』の全体像

1　言葉と文字の持つ二重構造

われわれは日常生活において、意思を疎通させる手段として主として言語と文字を用いる。だが時に言語や文字による意思の交流には、それらを解釈する相互の理解度の違いによって、齟齬《そご》をきたすこともある。とはいえ日常生活の場合の意思伝達のギャップは、通常は生活の中で解消される。

一方、宗教生活においては、日常的に使用している言葉や文字に対して、ある種の意図をもって、故意に一般の理解とは全く異なる深い読み込みが必要とされる場合がある。

密教では、言葉や文字に対する通常の理解を、浅略釈《せんりゃくしゃく》と呼び、それらの根底に潜む深い意味をこめて理解することを、深秘釈《じんぴしゃく》と称して区別している。それが文字の場合には、表面的な把握によるものを、字相《じそう》といい、奥に潜む深い意味を、字義《じぎ》という。

以上は言葉と文字に関する人による理解度の問題であるが、密教独自の言語観として、日常的な言葉や文字がそのまま真実なるもの、すなわち実在と直接的に結びついているという思想がその根底に存在する。言葉の場合は陀羅尼《だらに》（dhāraṇī）とか真言《しんごん》（mantra）、あるいは明呪《みょうしゅ》ないし呪《じゅ》（vidyā）といわれ、文字の場合はサンスクリット文字の悉曇《しったん》（siddhaṃ）がそれに当たる。

弘法大師・空海の撰になる『声字実相義《しょうじじっそうぎ》』の冒頭は、「如来の説法は必ず文字に藉《よ》る。文字の所在は六塵《ろくじん》其の体なり。六塵の本は法仏《ほうぶつ》の三密《さんみつ》即ち是れなり」という文章で始まる（『訳注　声字実相義』三〇頁以下参照）。人間の感覚器官ないし意識の対象になるものはすべて、つまりわれわれの周囲に存在する森羅万象は、ことごとく本来は仏の身体（身）と言語（口）と意識（意）のはたらきに他ならないという大胆な主張である。

空海は現実世界において使用されている言葉や文字は、宇宙の根源的な存在（以下筆者は井筒俊彦に倣い、それをコトバという語を用いて現実の言葉と区別する）と直接的に繫がるという言語観を持っている。こういった意味において、この言葉や文字は日常生活において、単に意思伝達の手段だけではなく、現実世界を支配する機能を有している。

空海だけではない。一般的に密教では言葉や文字がこのような二重の構造を持つと見てよい。

通常われわれが用いる声と言語が、宇宙の根源的な真理と直接的に繋がる構造を明らかにするために、空海はまず声の問題を主題として取り上げた。それが『声字実相義』（以下『声字義』）である。『声字義』には、声と実在の問題とともに文字の問題も併せて論じられているが、主題はどちらかといえば「声」にある。『声字義』を撰述した当時、空海の意識の中に、後に「文字」の問題を特別に取り上げて論ずる意図があったかどうかは不明であるが、声とは不可分の関連性を持ちながら、それとは違った視覚的な特色を持つ文字を主題とする一書を後に上梓した。それが『吽字義釈《うんじぎしゃく》』である。『吽字義』はもともと『吽字義釈《うんじぎしゃく》』と名づけられていた可能性が高い。そのため本書全体の題名としては『吽字義釈』を採った。この点についての詳しい考察は、後述（9　題名　本書二三頁）の解説に譲り、以下通称の『吽字義』を用いる。

2　文字に詰《つ》まり、文字に還る

空海は弘仁十二（八二一）年九月七日『四恩の奉為《おんため》に二部の大曼荼羅を造る願文《がんもん》』（『性霊集』巻七、【定弘】八・一〇八）の冒頭に、若いころの求道の苦悩を吐露し、続けて中国において最上の師と出遭い、師を通じての両部の曼荼羅との幸運な邂逅について感激をもって次のように叙述している。

「弟子空海、性熏《しょうくん》我を勧めて還源《げんげん》を思いと為す。径路未だ知らず、岐《ちまた》に臨んで幾たびか泣く。精誠感有って此の秘門を得たり。文に臨んで心昏《くら》し。赤県《せきけん》を尋ねんことを願う。人の願いに天順《てんしたが》って大唐に入ることを得。儻《たまたま》導師に遭って、此の両部の大曼荼羅を図し得たり。兼ねて諸尊の真言、印契《いんげい》等を学す」と記している。

若き日の空海が、真理を求めて諸寺を訪ね歩き、ようやくの思いで密教経典（おそらくは当時既に日本に伝えられていた『大日経』か？）に出遭うことが出来た。だがそれを読んでみたが、内容を容易に把握することが出来ない。そこで中国に渡り自らそれを学ぶ決心をつけ、幸運にもその願いがかなえられた。中国の都長安の青龍寺《しょうりゅうじ》において、密教についての最高の師である恵果阿闍梨《けいかあじゃり》と出遭い、密教を相承する素質に恵まれた適機であることが認められ、幸運にも灌頂壇《かんじょうだん》に入ることを許された。そこで両部（大悲《だいひ》胎蔵《たいぞう》と金剛界《こんごうかい》）の曼荼羅《まんだら》を拝し、密教の真髄を頭だけではなく、身体全体を通して会得することが出来た。

空海は帰国早々大同元（八〇六）年十月二十二日付けで、自らの留学の成果の報告書を、請来した密教経典と密教法具の目録に添えて、朝廷に献上している。『御請来目録《ごしょうらいもくろく》』（【定弘】一・三二）がそれである。その中で「仏の教えはもともと一般の言葉で表現することは出来ない。とはいえ事実上、何らかの言葉でなければそれを現実に表現することは難しい。真理は形や色を持たないが、現実には、形や色を通じて初めてそれを悟ることが出来る。（中略）密教の教えは極めて奥深く、言葉や文字によって内容を理解することは困難である。そのため図画を借りて、悟りに至っていない者たちに開示する。（中略）密蔵の要点は、経典や書物には秘せられているけれども、図像として、つまり曼荼羅の中にそれが象徴的に表現されている（取意）」と述べている。

言葉を超えた真実なるものは、伝法灌頂において一見した両部の曼荼羅の中に集約されているという。言語と文字による真実なるものへの探求に絶望して渡唐し、密教の伝統的な相承者である師との幸運な出遭いを契機として、両部の灌頂壇に入ることを許され、そこで曼荼羅を一見して、初めて密教の核心を把握することが出来た。ここでは自身が言語や文字の有効性について言及することはない。だが空海は密教の核心を身体的に会得した結果、文字や言葉の中に込められた真実に気付くことになる。

空海は帰国後、自ら将来した正系の密教を日本に定着させるべく努力を傾けたが、その間にあって、弘仁五（八一四）年閏七月二十八日付けで、嵯峨帝に対して「梵字悉曇《ぼんじしったん》字母《じも》并《ならびに》釈義《しゃくぎ》」（以下略称『字母釈義《じもしゃくぎ》』）を献上している。

この上表文の中で、「玄奘三蔵《げんじょうさんぞう》の『西域記《さいいきき》』には、〈五天竺《てんじく》の国々で用いられている悉曇文字は梵天《ぼんでん》の製《つく》るところ〉と記されていて、一般に信じられているが、それは誤りである。（中略）『大日経』に〈この文字は自然《じねん》道理の所作なり。如来の所作に非ず、亦梵王《ぼんのう》諸天の所作にも非ず。（中略）法然《ほうねん》の文字なり〉と説かれているからである」（【定弘】五・一〇二）と述べている。

真理に対する還源の思いをもって、経典の文字を読み取ろうと努力した空海であったが、その限界を感じて渡唐し、両部の灌頂を通じて密教の心髄を会得した結果、文字それも悉曇文字の中に大自然の道理が凝縮されて存在することに気付いた。一度は捨てた文字の中に潜む真実性に目覚めたのである（『岡村圭真著作集』第一巻所収論文「即身成仏への道—文字とマンダラ—」五〇—七〇頁）。

3　三部書の特色

空海が生涯にわたって撰述した書物の内容は、教判の書、付法の書、漢文学の書等々、多岐にわたる。中でも教学に関して独自の思想を鮮明に表現した書物として、『即身成《そくしんじょう》仏義《ぶつぎ》』（略称『即身義』）、『声字義』、『吽字義』の三書が挙げられ、これらは真言宗の伝統教学では三部書と称して、セットにして取り扱われることが多い。三部とは順に仏部、蓮華部、金剛部の三部に相当する。また身、口、意の三密に配せられることもある。この配当はそれらの書物の内容から見て一面において要を得た見解ではあるが、反対意見も無いわけではない（神林隆浄『智山学報』新五、五八頁）。三部配当論が空海自身の意図にあったかどうかは分からない。とはいえ空海の教学に関する著作の題名において、最後が『二教論』とか『十住心論』のように「論」ではなく、「義」とされるのはこの三部書に限られる。何らかの意図をもって著作されたものと見なすべきであろう。

『吽字義』は他の二書に比べて、序論がなく、最初から本論から始まるため、著者の直接的な見解を窺うことは容易ではない。しかしその内容を検討することによって重点が何処に置かれているかはほぼ察知することが出来る。ところが最近の解説書の中には、『吽字義』は『声字義』を補足する書とみなす見解も披歴されている（【北尾】二一二）。ただしその理由はそこには記載されていない。おそらく真実なる本源的なものと、声・音との関係で論じる『声字義』を先に著述し、それと文字との関係を補足的に説明するために、後に『吽字義』の撰述を想定したという解釈であろうか。

あるいはまた「『即身義』は「五大と識大」の六大について述べ、『声字義』は五大について、『吽字義』は識大について、それぞれの意義を明らかにしていると捉えることもできる。この理解は、三部書全体を即身成仏の書とする見解である」（【村上】一一七）との意見も紹介されている。この意見が著者の見解か、あるいは他者の意見なのかは文章の上では明確ではないが、この点に関しては、三部書はそれぞれが別個の著作目的を持つと考える筆者の考えと同調しがたい。とはいえ続く文で「いずれにしても、空海の意図が吽字の含意している深秘の意味を明らかにし、その意味を実践的な行為の形式として提示するところにあったことは、はっきりしている」という結論には筆者も賛同するにやぶさかではない。

4　本書の内容

相撲では、行事が両力士の阿吽の呼吸を見計らって軍配を引くといわれている。また寺院の楼門には、左右に仁王さんが配され、忿怒の形相もいかめしく参拝者を迎え入れる。この二体の仁王さん、一方は口を開け、片方はしっかり口を閉じている。一方は阿を、反対側は吽を叫んでいるという。

阿と吽は対になり、阿は始まり、吽は終わりを意味している。サンスクリット語で、究極の始原を指す言葉に、ādi という語がある。したがって阿字が始まりを意味することは理解し易い。一方　吽字（hūṃ）をサンスクリット語の終わりに相当する語に対応させることは難しい。

悉曇《しったん》文字は、基本的には子音の三十二文字（体文《たいもん》）と、母音・半母音の十二文字（摩多《また》）からなる。これらの子音と母音との組み合わせによって、一つの字母から十二字が出来る。このような悉曇特有の性格により多くの文字が構成される。これらの字母表の最初の文字はa字で、最後の文字はha字である。このha字を基字としてhūṃ字が出来る。このような関係から字母表の最初のaと最後のhaから、阿・吽が初・終の意味を持つと考えられたのであろう。

悉曇文字は一文字を数個に分割することも出来る。吽字の例でいえば、hūṃの基字のha（訶）、ha字の中の母音のa（阿）、それにhū字自体の母音のū（吁）、最後のṃ字は母音のa字を付加してma（麼）、以上のように分割すれば四文字となる。

『吽字義』は主題となるhūṃ字の意義を総合的に検討するにあたって、不空《ふくう》訳『般若《はんにゃ》理趣釈《りしゅしゃく》』（【大正】一九・六〇九下）によって一字を四分割し、分割された四文字の一字一字の意味を個別的に解釈する別相を説き、次いで四字をまとめて説く通相を述べ、さらに全体を統括して、その教理の現実面における適応に関する六種の働きを最後に披歴している。

5　両部の思想

『大日経《だいにちきょう》』と『金剛頂経《こんごうちょうきょう》』は真言密教では両部の大経と称して最も重要視される経典であり、この両部の密教を、空海は師の恵果阿闍梨から、それぞれ灌頂の秘法を通じて相承し、日本密教ではこの両部の密教を同等とみなし、尊崇してきた。

しかし内容から見れば、この両経は必ずしも同一構造を持つとはいえない。インドにおける成立の場所も、中国への流伝の経路も異なる。

『大日経』は漢訳では、善無畏《ぜんむい》と一行《いちぎょう》の共訳になり、七巻のうち基本的な経典は六巻・三十一品からなる。そのうち第一の住心品《じゅうしんぼん》と第二の具縁品《ぐえんぼん》以下とは、性格的にも異質である。第一の住心品は教理的な叙述が中心を占め、大乗仏教の思想も比較的顕著に認められる。一方の具縁品第二以下の三十品は、住心品とは基調を異にし、教理的な問題よりも、大悲胎蔵曼荼羅に関する記述と、胎蔵法についての印契《いんげい》や真言等の修法に関する事項が具体的に述べられている。『大日経』は中インドのナーランダー寺からオリッサ地方の周辺で成立し、中央アジアのシルクロード経由で中国に伝えられた。『金剛頂経』は伝統説によれば十八部・十万頌の大部の経典グループからなり、通常『初会《しょえ》の金剛頂経』といわれる『真実摂経《しんじつしょうきょう》』を始めとして、この経典グループの諸経は、基本的には瑜伽《ゆが》（行者と本尊との一体化を目的とする修法）に関する各種の行法と金剛界曼荼羅の種々相を説くことが主題である。南インドで成立し、南海経由で中国に伝えられた。

即・声・吽の三部書のうち『即身義』は伝統教学では「二経一論八ヵの証文を引く」といわれ、その二経とは両部の大経を指し、その中に胎蔵の五大と金剛界の識大の無碍を説くことなどから、両部の一体化を意識した書であることが分かる。

一方『声字義』は『大日経』を主として引用し、一ヵ所のみ『金剛頂経』系の『般若理趣釈』を引用するが、この部分が必ずしも『金剛頂経』を必要とする箇所ではないことは、拙著『訳注　声字実相義』（八一頁参照）に言及したので、ここでは省略する。

当該の『吽字義』は不空訳『般若理趣釈』に説かれる吽字が持つ密教的な意義を述べることが中心的な課題である。『般若理趣釈』の原経に当たる『般若理趣経』は十八会《じゅうはって》ある『金剛頂経』の第六会《だいろくえ》に相当する。したがって『吽字義』は『金剛頂経』と関連を持つとみなされてきた。

しかし『吽字義』の本論の最後に注目すべき叙述がある。すなわち「この吽の一字でもって諸経論に説かれている真理がすべてにわたって集約されている。『大日経』、『金剛頂経』に説かれている三句《さんく》の法門《ほうもん》、すなわち〈菩提心《ぼだいしん》を因《いん》とし、大悲《だいひ》を根《こん》とし、方便《ほうべん》を究竟《くきょう》とする〉がそれであり、仏の一切の教説はすべてこの三句に帰す（取意）」（三句については本書、一六八頁参照）と述べられている。

ここで三句は両部の大経に説かれていると記されているが、三句は『大日経』の住心品第一に説かれ、『大日経』の中心的な課題とされるが、それは『金剛頂経』には見出し得ない。にもかかわらずここで典拠として両経の名を挙げたのは諸経典の教義の集約とみなす三句を掲げて、金胎両部の一体化を意図する目的があったと考えられる。

ともあれ『吽字義』の本論の最後に、『大日経』の思想の基盤と考えられる三句を諸経論の集約点として掲げたことは、実践的な主体性を問題とする『吽字義』の内容と合致しているといってよい。三句の中でも最後の「方便《ほうべん》を究竟《くきょう》とする」の「方便」とは、社会的な実践行動を意味し、密教の持つ社会活動つまり利他行の重要性がここに強調され、『吽字義』の最終段階に付加されている六種の利他行の具体例（本書一七五頁以下参照）に繋がると考えられる。

6　瑜伽と利他行

『金剛頂経』は、十八会・十万頌の大部の経典とされるが、その中心的な課題は、瞑想を通じて本尊と行者の一体化を図る瑜伽の修法、およびその瑜伽を通じて行者が感得する曼荼羅の開示にあるとみてよい。

一方『大日経』では、そのうち住心品第一は三句の法門を中心として思想的な叙述が中心となり、具縁品第二以下の修法と曼荼羅中心の叙述とは基調を異にする。

三句の法門は「仏の智慧とはいかなるものでしょうか」という執金剛秘密主《しゅうこんごうひみつしゅ》の質問に対して、仏が「菩提心を因とし、大悲を根とし、方便を究竟《くきょう》とす」の三句で答える。（三句についての解説は、拙著『大日経住心品講讃』大法輪閣、二〇一〇年、一二五頁以下の三句段参照）。この菩提心は本有《ほんぬ》すなわち仏の立場と、修生《しゅしょう》すなわち衆生の立場で理解する二通りの解釈がある。ここでは本有の立場から解釈すると、「仏の智慧とは、現実世界に時空を超えた覚りが存在するということが原因となり、その覚りを身に付けた仏が、無限の慈悲を衆生に対して常に示されていることが根となり、それらを現実世界において利他行、つまり社会的な実践活動として積極的に展開することを最終目的とするものである」ということになる。

この三句の内容が『大日経』住心品のみならず、インドではよく知られていた文句であったことは、大乗仏教の瑜伽行中観派《ゆがぎょうちゅうがんは》のカマラシーラ（Kamalaśīla）著の『修習次第』（Bhāvanākrama）にも、菩提心と大悲の順序は逆であるが、ほぼ同文が見出されることから分かる（『松長有慶著作集』第一巻、法蔵館、一九九八年、一七七頁）。

『大日経』は、具縁品以下に密教的な行法を説くだけではなく、住心品第一において、大乗仏教の菩薩の眼目とする利他行を説き明かしていることは注目すべきであろう。『金剛頂経』は内面的な瑜伽の観法を基調とするから、眼を外界に向ける社会活動に関してはほとんど言及しない。一方の『大日経』では、大乗菩薩の利他行を継続して説く。こういった意味でも、両部大経は性格を異にしている。

『吽字義』はこれら性格を異にする『大日経』と『金剛頂経』を共に三句を説くという見地でもって、意図的に一元化を試みたわけである。

7 『般若理趣釈』が説く hūṃ 字

『吽字義』の最終段階で、かなり強引な論法で、利他行と瑜伽の一元化、つまり両部の一体化が意図されているのには意味がある。それは「吽字」そのものが、『般若理趣釈』の基本的な種子《しゅじ》であることと関連している。

この『般若理趣釈』の元の経典となる不空訳『般若理趣経』は十七段に分かれ、大欲《たいよく》すなわち人間の欲望の積極的な展開、すなわち利他行を主題として、金剛薩埵《こんごうさった》の瑜伽の境地を説く。この金剛薩埵の種子が他ならぬこの吽字である。

『般若理趣経』という経典名から察せられるように、この経典は大乗仏教において重要な地位を占める『般若経』の系列に連なる。それとともに、『金剛頂経』の第六会の経典とも目される。このような点からこの経典は大乗仏教と、密教の『金剛頂経』の両方のＤＮＡを受け継いでいるとみてよい。このような性格は経典の中でも顕著に表われている。この経典の本文は十七段に分かれて金剛薩埵の瑜伽の内容を披歴する。その最後に、通常「百字の偈」といわれる偈が添えられている。その百字からなる偈の内容は、大乗菩薩の利他行の重要性の説示に他ならない。この経典において、大乗仏教の根幹となる利他行と密教の瑜伽が共存していると了解してよいであろう。

数ある密教経典の中で、この両者を込めて説く経典は他に見当たらない。利他行の重視という意味でも、『般若理趣経』は人間が生来持つ欲望を全面的に否定することなく、欲望が本来的に持つエネルギーを逆に生かして、他者の救済に向かわせる大欲を、その思想的な基盤としている。この経典の総主である金剛薩埵《こんごうさった》の種子が hūṃ 字であり、その吽字を主題として説く『吽字義』は、単に『即身義』ないし『声字義』を補足するための論書ではなく、利他行と瑜伽を一体化して説く独自の考えから生み出された書物として、空海の著作の中でも特別の意味を持つとみなしてよいであろう。

8　撰述年代

『吽字義』の撰述年代について、従来それほど確定的な見解が披歴されていないようである。三部書を一括して論じる傾向が一般的である（【加藤】一四二、【頼富】三〇五、【小野塚】六〇九―六一〇、【宮坂】二五五）。しかしそれぞれの著作の内容を検討すれば、三部書の各々の撰述年代にいくらかの差があることに気付く。『即身義』と『声字義』については、先に上梓したそれぞれの訳注書において考察を試みた。ここでは『吽字義』の撰述年代のみに焦点を当てる。

『吽字義』の内容の点で、撰述の年代にかかわる手掛かりは十住心《じゅうじゅうしん》に関する記述である。空海の生涯の中で、十住心の思想が明確に現れるのは何時か。

十住心を説く『秘蔵宝鑰《ひぞうほうやく》』は天長七（八三〇）年、淳和帝の求めに応じて、『十住心論』十巻を要略して呈出した書と伝えられている。ところが十住心の内容を詳しく説くこれら両書よりも前の時点で、十住心論の構想が完成していたという説もある。

弘仁十三（八二二）年と推定されている（『三昧耶戒序　解説』【定弘】五・三四七）嵯峨上皇に灌頂を授けた際の『太上天皇灌頂文《だじょうてんのうかんじょうもん》』の末尾に続く『三昧耶戒序《さんまやかいじょ》』（【定弘】五・三―一〇）の中に、第二住心から第九住心に到る住心の名がすでに見出される。この時点で後に公表される予定の『十住心論』が完成していたと見なすためであろう。だが『三昧耶戒序』に説かれる十住心についてみれば、各住心の名称は後の『十住心論』に現れる十住心の名称と同一であるとしても、それぞれの内容はごく簡単なものである。また各住心の名も、その典拠となる『大日経』の住心品に記載されている名称そのままで、この時点において空海にあって十住心の個々の住心に対する綿密な構想が出来上がっていたとは考えにくい。

一方　当該『吽字義』の中にも、十住心と関連するかと思える記事が二ヵ所見出される。その一は、頌によって吽字の実義（本来の意味）を説明する箇所（本書一五八頁以下）である。そこでは、二乗（声聞・縁覚）、法相、三論、三乗教、一乗教、通仏教の順に、小大乗の教えがごく簡単に叙述されている。もう一ヵ所は、散文によって汙字の字義すなわち実義を説明する箇所（本書六二頁）である。

これらの内容は、『三昧耶戒序』の十住心についての記載より、少しく整理されてはいるが、これら二ヵ所において、法相（唯識）と三論（中観）の順序が一定していない等、まだこの時点で『十住心論』、『秘蔵宝鑰』に見られるような完全に整備された十住心思想が出来上がっているとはいい難い。厳密にいえば、十住心思想はこの時期には、形成過程にあると考えてよいであろう。

『吽字義』の撰述年代を推定できるもう一つの手がかりは、著作年代の明確な次の二種の願文である。すなわち『性霊集』巻第七所収の「四恩《しおん》の奉為《おんため》に二部の大曼荼羅を造る願文」（【定弘】八・一〇八）と、「故藤中納言の為に十七尊を造り奉る願文」（【定弘】八・一一二）の両願文で、いずれも弘仁十二（八二一）年九月七日の日付けが記されている。

『吽字義』は本文の最終箇所において他の著作に比べて、両部不二の立場を明確に打ち出している。空海は師の恵果から両部の灌頂を受け、金胎両部の相承者としての自覚ないし誇りは持続し続けていたに違いはない。しかし四恩の奉為に金胎二部の曼荼羅を造立し、さらに吽字を種子とする金剛薩埵を主尊とする大楽不空十七尊の曼荼羅を図画し、『理趣経』を書写し供養することを通じて、弘仁十二、三年頃に両部を継承した意識を改めて再確認したのであろう。

以上のような考察を通じて、『吽字義』は弘仁の末頃の撰述になると推定してよい。ただし『即身義』と『吽字義』両書の著述の前後関係を確定する資料は現在のところまだ見出してはいない。

9　題名

本書の題名について二説ある。【定弘】第三巻では『吽字義釈』、【弘全】第一輯では『吽字義』と記されている。どちらが本来の題名であるか、空海の御筆本が現存しないので断定はしがたい。とはいえその手掛かりとして、写本に記載する名称を探ってみよう。この点について現在までの研究として、【定弘】の解説（三・三四六—三四七）、武内孝善「光明院文庫本『五大院撰集目録』の研究—開題・翻刻・影印—」（『高野山大学論叢』四九、二〇一四）、土居夏樹【紀要別・吽】（五頁）などがある。

【定弘】の解説によれば、【弘全】第五輯が収録されている『高野山大伝法院御作目録』に記載されている済暹・聖賢・覚鑁・心覚の目録にはすべて『吽字義釈』と記載されているが、承安五（一一七五）年の奥書のある「同目録」には『吽字義』とあり、鎌倉中期の刊本以後に「吽字義」の題名が一般化したかと推定している。

それに対して武内孝善は、久安元（一一四五）年写の光明院文庫本『五大院撰集目録』を十世紀前半の淳裕の作と推定している。武内説に従えば、そこに記された『吽字義釈』という題名が最も古い記録となる。

いずれにしても古い写本の題名は『吽字義釈』であった可能性は高く、時代とともに、『吽字義』なる題名に変更したと考えられる。即・声・吽の三書を三部書として一括しようとする傾向が宗団内に出来上がり、次第にこれら三書の題名の最後を「義」で統一する流れを造り出したのであろう。

本書では、これらの研究を受けて、題名には原形に最も近いと思われる『吽字義釈』の名称を用いる。ただし略称として『吽字義』を使う。

序　『吽字義』の構造

『吽字義』には空海の他の多くの著作に見られるような序文がなく、いきなり本文が始まる。そのため最初に『吽字義』の全体構造について説明しておこう。

まずサンスクリット語の文字（ここでは悉曇《しったん》文字）の一つである吽字（hūṃ）を取り上げて、その文字についての表面的な意味（字相）と、その文字が含み持つ本来の意味（字義）をそれぞれ解釈する。

サンスクリット文字を細かく分解すれば、数個の母音と子音に分かれるが、サンスクリット文字には個々の文字がその文字と関連する特殊な意味を象徴的に含め持つという言語の特性がある。その特性に注目して、ここでは吽字（hūṃ）という一字を訶《か》字

(ha)、阿字《あ》(a)、汙字《う》(ū)、麼字《ま》(ma)の四字に分割し、それぞれの文字の表面的な意味と本来的に含み持つ意味を探り、さらに四字をあわせた吽の一字の中に込められた思想を解き明かす。伝統教学においては、個々の文字の意味を示すことを別相といい、四字をまとめて解釈することを通相という。

全体の構成から見ると、四字を総合的に解釈するために、四字の一字一字の意味を個別的に解釈する別相と、四字をまとめて説く通相、さらに全体を統括して、その教理の現実的な活用を述べる応用編とに分かれる。

I　字相

1　字相の総論

【現代表現】

吽字という一字を外形からと、その意味からと、この二つの面から解明しよう。

最初に吽字を外形から見ると、一つの文字ではあるが、サンスクリット文字の構造の上から、四つの部分に分けて考えることが出来る。

『金剛頂経《こんごうちょうきょう》』系統の経典の一つである不空訳『大楽金剛不空真実三麼耶経《だいらくこんごうふくうしんじつさんまやきょう》』（略称『般若理趣経《はんにゃりしゅきょう》』【大正】八巻、二四三番）の注釈書である不空訳の『大楽金剛不空真実三昧耶経般若波羅蜜多理趣釈』、略称『般若理趣釈《はんにゃりしゅしゃく》』（【大正】一九・六〇九下）では、この吽の一字を釈しているが、この一字の中には次のような四字の意味を含め持っていると説いている。すなわち最初に賀《か》（ha）字の意味、二には阿《あ》（a）字の意味、三には汙《う》（ū）字の意味、四には麽《ま》（ma）字の意味である。

【読み下し文】

一つの吽字を　相義二つに分かつ。一つには字相を解《げ》し、二つには字義を釈す。初《はじめ》に字相を解すと者、又四つに分かつ。四字分離の故に。

『金剛頂《ちょう》』に此の一字を釈するに、四字の義を具す。一には賀《か》字の義、二には阿《あ》字の義、三には汙《う》字の義、四には麽《ま》字の義なり。

【原漢文】

一ノ吽字ヲ相義分ツレ二ニ。一ニハ解シ二字相ヲ一、二ニハ釈ス二字義ヲ一。初ニ解スト二字相ヲ一者又分ツレ四ニ。四字分離ノ故ニ。

金剛頂ニ釈スルニ二此ノ一字ヲ一具ス二四字ノ義ヲ一。一ニハ賀字ノ義、二ニハ阿字ノ義、三ニハ汙字ノ義、四ニハ麽字ノ義ナリ。

【用語釈】

「相義」　相は外形、義はその意味。字相と字義（実義）ともいう。空海撰になる『梵網《ぼんもう》経《きょう》開題《かいだい》』（【定弘】四・二二二）に「大日経に准ずるに一切経に必ず二種の義を具す。謂く。浅略《せんりゃく》と深秘《じんぴ》なり。浅略とは則ち多名句《たみょうく》を以て其の一義を顕す。深秘とは一一の字に無量の義を具す。又字相は即ち顕、字義は則ち秘なり」と述べられている。

「金剛頂」　『金剛頂経』の略。真言宗では『大日経』と並び両部の大経として重視されている。真言宗の伝統説では、十八会《じゅうはって》、十万頌《じゅうまんじゅ》の大部の経典と見なされる。空海が『金剛頂経』という場合は、これら広範囲にわたる経典の中のいずれかを指す場合が多い。

「般若理趣釈」　『金剛頂経』系の不空訳『般若理趣経』の注釈書。ここでは吽（hūṃ）字を四分割し、それらの中で賀（ha）を本体字と見做し、それより阿字、汙字、麼字が生まれると説く。

2　字相の各論（四字それぞれの特徴）

イ　賀字（訶字）の字相

【要旨】

吽字（hūṃ）を四分割すると、その基本となる字は中央の賀（ha）字である。この賀字はサンスクリット字の hetu すなわち因縁という意味を持っている。仏教では現に存在するすべてのものは、ことごとく何らかの因（直接的な原因）と縁（間接的な原因）からなると考える。それが賀字の表面的な理解である。

【現代表現】

初めに賀字（訶字）の特徴について述べる。賀字とは、吽字全体から見れば、中央の基体となっている字がそれに当たる。この基体の字となっている賀字は、因という意味を持っている。サンスクリット語でいえば、hetva という。この言葉は因縁という意味である。

この因に六種類ある。あるいは五種の因を説く論者もいる。これらの説については『大毘婆娑論《だいびばしゃろん》』に詳しい。いずれにしても、ha 字を基体とする訶字門を見れば、現実世界に存在するあらゆるものは、すべて因縁より生じないものはないことを知る。以上は訶字に対する表面的な解釈である。

【読み下し文】

一つに賀字の義と者《は》、中央の本尊の体、是れ其の字なり。いわゆる賀字は是れ因の義なり。梵には係怛嚩《けいとば》二合と云う。即ち是れ因縁の義なり。

因に六種有り。及び因縁の義の中の因に五種有り。阿毘曇《あびどん》に広く説くが如し。若し訶《か》字門を見れば、即ち一切の諸法は因縁より生ぜざること無しと知る。是れを訶字の字相とす。

【原漢文】

一ニ賀字ノ義ト者、中央ノ本尊ノ体是レ其ノ字也。所レル謂賀字ハ是レ因ノ義也。

梵ニハ云フ二係怛嚩ト一二合即チ是レ因縁ノ義ナリ。

因ニ有リ二六種一。及ビ因縁ノ義ノ中ノ因ニ有リ二五種一。如シ二阿毘曇ニ広ク説クガ一。若シ見レハ二訶字門ヲ一、即チ知ル下一切ノ諸法ハ無シトレ不ルコト中従リ二因縁一生セ上。是ヲ為二訶字ノ字相ト一。

【用語釈】

「本尊の体」　梵字の中央の核となる部分を指す。本尊の「尊」は衍《えん》字。『般若理趣釈』（【大正】一九・六〇九下）では「本体」とある。

「係怛嚩」　サンスクリット語の（hetu の複数主格に当たる hetavaḥ）の音写語。意味は因縁。『大日経疏』巻七（【大正】三九・六五六上）により、因縁と訳しているが、因も因縁も同じ。以下に「六因」ないし「五因」も取り上げられているが、広く解してこの場合の因縁は現実生活に影響を及ぼす原因と理解してよい。

「因に六種有り」　『大毘婆娑論』に詳しい説明があるが、六因とは、能作因、倶有因、同類因、相応因、遍行因、異熟因をいう。因についての詳細な説明は煩雑になるので、一々の説明は省略する。詳しい内容は【小田】三一七以下、【紀要別・吽】の土居の注一九—二〇頁などを参照されたい。

「因に五種有り」　六因に中の能作因を除く五因とも、生・依・立・持・養の五種を指すともいう。

「阿毘曇」　サンスクリット語の abhidharma の音訳語、ここでは玄奘訳《げんじょうやく》『大毘婆娑論《だいびばしゃろん》』を指す。

「訶字門」　訶と賀は同じくサンスクリット語の ha 字の音写語。一般には、訶字を用いるが、ここでは『般若理趣釈』の用例に随い、賀字を用いている。混乱を避けて以下は「訶」に統一する。

口　阿字の字相

【要旨】

阿字の形・音・意味の三方向から、阿字が一切の事物の根源であることを述べ、阿字を見ればあらゆる存在が空であり、無であると知ることを説く。

【現代表現】

二番目に阿字の持つ意味について説明する。基字となるha字にはaという母音が含まれている。この阿（a）字は、あらゆる文字の母であり、あらゆる声の体であり、あらゆる真理の源である。およそ口を開いて、アという音を発するときはいかなる文字でも阿という声を伴っている。もしここで阿の声が含まれなければ、あらゆる言葉を発することが出来ない。だから阿字はあらゆる声の母というのである。もし阿字を見れば、あらゆる存在は空であり無であることを知る。以上が阿字の表面的な理解である。

【読み下し文】

二つに阿字の義と者、訶字の中に阿の声《しょう》有り。即ち是れ一切字の母《も》、一切声の体、一切実相《じっそう》の源なり。凡そ最初に口を開く音《こえ》に皆阿の声有り。若し阿の声を離んぬれば、則ち一切の言説無し。故に衆声の母とす。若し阿字を見れば、則ち諸法の空無を知る。是れを阿字の字相とす。

【原漢文】

二ニ阿字ノ義ト者、訶字ノ中ニ有二リ阿ノ声一。即チ是レ一切字之母、一切声之体、一切実相之源ナリ。凡ソ最初ニ開レク口ヲ之音ニ皆有二リ阿ノ声一。若シ離二ヌレハ阿ノ声一ヲ則チ無二シ一切ノ言説一。故ニ為二ス衆声之母一ト。若シ見二レハ阿字一ヲ、則チ知二ル諸法ノ空無一ヲ。是ヲ為二ス阿字ノ字相一ト。

【用語釈】

「阿字の義」「凡そ最初に口を開く音に皆阿の声有り。若し阿の声を離んぬれば、則ち一切の言説無し。故に衆声の母とす」『大日経疏』（【大正】三九・六五一下）よりの引用文。この引用文に、原文に無い「一切実相の源なり」の文が付加されているところに目が止まる。空海独自の思想の挿入と見てよい。だがこれによってこの箇所は阿字に字相だけではなく、字義となる可能性をも持つこととなる。そのため「これは阿字の字義を意味したのではなく、阿字の字相のことである」と【那須】（一八）はわざわざ断っている。

「実相」　真実の姿。真理のこと。

「空無」　物事に固定的な実体のないこと。この場合はサンスクリット語のaが否定詞であることと関連している。

八　汙字の字相

【要旨】

汙字はあらゆる存在が欠け、あるいは減少していく事態、または否定的な側面などの性質を持つことを述べる。

【現代表現】

三番目に汙字はあらゆる存在が損減する（ūna）という意味を含んでいることを明かす。もし汙字を見ることがあれば、あらゆる存在が、無常であり、苦であり、空であり、無我であることを知ることとなる。以上が存在するものには何らかの実体があるという考えを否定する汙字の表面的な理解である。

【読み下し文】

三つに汙字は是れ一切諸法損減《そんげん》の義なり。若し汙字を見れば、則ち一切の法の無常・苦・空・無我等を知る。是れ則ち損減、即ち是れ字相なり。

【原漢文】

三ニ汙字ハ是レ一切諸法損減ノ義ナリ。若シ見レハ二汙字ヲ一則チ知ル二一切ノ法ノ無常苦空無我等ヲ一。是レ則チ損減、即チ是レ字相也。

【用語釈】

「損減」　もともと物が減ったり、無くなったりすることをいう。仏教では存在するものに何らかの実体ありとする考えを否定する意味に用いる。

「無常」　諸行無常。あらゆる現象が常住ではなく、移り変わること。

「苦」　一切皆苦。仏教で説く「苦」は苦しい、痛い等の身体的な苦よりも、思い通りにならない精神的な苦をいう。
「空」　一切皆空。一切の存在に実体ありとする考えの否定。
「無我」　諸法無我。あらゆる存在物に独自の我という実体ありとみる考えの否定。

二　麼字の字相

【要旨】

麼字はサンスクリット語の ma 字のことで、それは ātman というサンスクリット語と関連し、我という意味に当たる。存在するものには、我という実体があると表面的には理解されている。

【現代表現】

四番目に麼字の意味について説明する。麼字はサンスクリット語では、(ā)tman という語に当たる。翻訳すれば、我という意味になる。この我に二種類ある。一は人我《にんが》つまりに人《にん》に関する我、二に法我《ほうが》つまり存在するものに関する我である。麼字に関して考えてみれば、存在するすべてのものには、個我とか、人とか、生き物とかという何らかの実体があるように考えられている。このような考えを増益、つまり付加的な妄想に基づく誤った思考という。以上が麼字の外形から見た姿である。

世間の人はこのように字を外形から判断するだけで、まだその字の持つ本来の意味を理解していない。だからいつまでも生死《しょうじ》を繰り返す輪廻の世界にとどまっている。それに対して如来はありのままに世界の真実の意味を御存じになっておられる。こういった意味において如来を、真に覚った人つまり大覚と呼ぶのである。

【読み下し文】

四つに麼字の義と者、梵には怛麼《とま》と云う。此れには翻じて我《が》とす。我に二種有り。一つには人我《にんが》、二つには法我《ほうが》なり。若し麼字門《まじもん》を見れば、則ち一切諸法に我・人・衆生等有りと知る。是れを増益《ぞうやく》と名づく。是れ則ち字相なり。

一切世間は但し是《かく》の如くの字相を知って未だ曾て字義を解《げ》せず、是の故に生死《しょうじ》の人《にん》とす。如来は実の如く実義を知りたもう、所以《このゆえ》に大覚《だいかく》と号《こう》す。

【原漢文】

四ニ麼字ノ義ト者、梵ニハ云二フ怛麼一ト。此ニハ翻シテ為レス我ト。我ニ有二リ二種一。一ニハ人我、二ニハ法我ナリ。若シ見二レハ麼字門一ヲ、則チ知三ル一切諸法ニ有二リト我人衆生等一。是ヲ名二ク増益一ト。是レ則チ字相ナリ。一切世間ハ但シ知二テ如レノ是ノ字相一ヲ、未三タ曾テ解二セ字義一ヲ、是ノ故ニ為二ス生死ノ人一ト。如来ハ如レク実ノ知二リタマフ実義一ヲ、所以ニ号二ス大覚一ト。

【用語釈】

「怛麼」　サンスクリット語の ātman の音訳。個我の意味。サンスクリット語の mama の音訳という説もある（【頼富】三一四）。

「増益」　もともと実体のないものをありとみなして固執すること。

Ⅱ　字義（実義）

1　吽字の字義

【要旨】

先に吽字を四種の部分に分けて、四字それぞれの表す内容を表面的な観点から述べたので、次いでこれらの四字それぞれが持つ本来の意味について説明する。

【現代表現】

最初に吽（hūṃ）字についての表面的な判断を述べた。次にここでは吽字が本来持っている奥深い意味について明らかにしよう。吽字の本来の意味についても、吽字を同じように、訶（ha）・阿（a）・汙（ū）・麼（ma）の四つの部分に分けて説明を加えることにする。分けて説明するのは、四つの部分それぞれが特徴を持っているためである。

【読み下し文】

二つに字義を解《げ》するに四つ有り。訶阿汙麼《かあうま》の四字差別《しゃべつ》の故に。

【原漢文】

二ニ解二スルニ字義一ヲ有レリ四ツ。訶阿汙麼ノ四字差別ノ故ニ。

2　訶字の字義

【要旨】

以下は訶・阿・汙・麼の四字それぞれの本来の意味（実義）について尋ね、それぞれの文字の外形から見た意味は認識することが不可能であるということであるが、本来の意味では、積極的な観点からいずれも本源的に不生の境地すなわち本不生際《ほんぷしょうざい》を表すことを説く。

【現代表現】

初めに訶（ha）字の本来の意味とは、要するに訶字門はあらゆる現実存在の原因（hetu）を認識することが不可能であることを表している。なぜ現実存在の原因が認識不可能であるかといえば、「現実に存在するものは、その原因をいくら探してみても、次から次へと原因が存在して、その原因は絶えず変化し続けていて、もともと固定したものは存在しない。だから原因をどれほどたどっていっても、一番もとになる原因に行き着くことは出来ない。存在するすべてのものには、もとになる原因など本来は存在しない、つまり無住であるということを知るべきである。どうしてそういえるのかと問われると、どのような学派でも、現実に存在するものの因縁を求めていっても、いずれももとになる原因は存在しないと説いているからである。

要するに存在するものはすべて心のはたらきに過ぎない。その心の本来の姿というものは、他ならぬ仏の絶対智である。というのは仏の目から見れば、現実に存在するものがそのまま真実の世界である。この真実の世界こそ現実に存在するすべてのものの本体に他ならない。このように真実の世界はとりもなおさず現実に存在するものの本体に他ならないから、現に存在するものの因となることは出来ない。このような観点からすれば、因もまた真実の世界であり、縁もまた真実の世界であり、因縁から生じた存在すべてはこれまた真実の世界に他ならない。

このようなわけで、阿字門を修して、最初の阿字から順に最後の吽字までを探っても、いずれも本来不生なる真実の世界に到り着く。一方、訶字門をまた逆に最後の吽字から最初の阿字に至るまで観法を修すると、結局のところ同じ境地に達する。

阿字は本不生ではあるが、あらゆる現実の存在を生み出す。さらにまた訶字は原因を持たないことを標榜しながら現存在の原因となる。最初の阿字も、最後の訶字も、結局のところ同じ本不生に行き着くのである。阿字と訶字との中間の諸文字も皆同じと知るべきだということを、よく心得ておくべきである。」以上のように、因縁を手掛かりにして本不生に到り着く。これが訶字本来の意味である。

【読み下し文】

初めに訶字の実義とは、いわゆる訶字門一切諸法因不可得の故に。何を以ての故に。

「諸法は展伝《ちんでん》して因を待って成《じょう》ずるを以ての故に。当に知るべし、最後は依《え》無きが故に無住を説いて諸法の本とす。然る所以《ゆえん》は種種の門を以て諸法の因縁を観ずるに、悉く不生なるが故に。

当に知るべし、万法《まんぽう》は唯心なり。心《しん》の実相は即ち是れ一切種智なり。即ち是れ諸法法界なり。法界即ち是れ諸法の体なり。因と為《す》ることを得じ。是れを以て之れを言わば、因亦是れ法界、縁亦是れ法界、因縁所生の法も亦是れ法界なり。

阿字門は本《ほん》より末に帰して畢竟《ひっきょう》じて是《かく》の如くの処に到る。今亦た訶字門も亦た末より本に帰して畢竟じて是の如くの処に到る。

阿字は本不生より一切の法を生ず。今亦訶字は無因待《いんだい》を以て諸法の因とす。終始同じく帰す。即ち中間《ちゅうげん》の旨趣《しいしゅ》皆知んぬべし」。是れを訶字の実義と名づく。

【原漢文】

初ニ訶字ノ実義ト者、所ルレ謂訶字門一切諸法因不可得ノ故ニ。何ヲ以ノ故ニ。以ノ二諸法ハ展転シテ待テレ因ヲ成スルヲ一故ニ。当ニレ知ル、最後ハ無キカレ依故ニ説テ二無住ヲ一為《ス》二諸法ノ本一ト。所二以ハ然一ル者以二テ種種ノ門一ヲ観二スルニ諸法ノ因縁一ヲ、悉ク不生ナルカ故ニ。

当レニ知ル、万法ハ唯心ナリ。心之実相ハ即チ是レ一切種智ナリ。即チ是レ諸法法界ナリ。法界即チ是レ諸法之体ナリ。不レ得レ為《ス》ルコトヲ因ト。以レテ是ヲ言レハ之ヲ因亦是レ法界、縁亦是レ法界、因縁所生ノ法モ亦是レ法界ナリ。

阿字門ハ従レリ本帰レシテ末ニ畢竟シテ到二ル如レノ是ノ処一ニ。今亦訶字門モ亦従レリ末帰レシテ本ニ畢竟シテ到二ル如レノ是ノ処一ニ。阿字ハ従二リ本不生一生二ス一切ノ法一ヲ。今亦訶字ハ以二テ無因待一ヲ為《ス》二諸法ノ因一ト。終始同ク帰ス。則チ中間ノ旨趣皆可レシ知ヌ矣。是ヲ名二ク訶字ノ実義一ト。

【用語釈】

「諸法展伝」『大日経疏』巻第七（【大正】三九・六五六上）よりの引用。

「展伝」 次から次へと繋がって拡大していくこと。

「種種の門」 本来では、各種の学説の意味であるが、羅什訳『中論』第一観因縁品

（【大正】三〇・一中下）に説かれる、八不の偈と四不生の偈により、「諸法は自よりも生ぜず、亦他よりも生ぜず、共にも非ず、無因にも非ず」の四不生観を指す、と伝統説では考えられている。

「諸法法界」 原本の『大疏』は「諸仏法界」である。【那須】（三六）はおそらく『吽字義』の写誤であろうという。【弘全】、【定弘】ともに注記無し。諸法とは現実存在のすべて。法界とは真実の世界を指す。【定弘】（三・五四）および【栂尾】（二八三）、【宮坂】（一二二）、【高木・ドライト】（一三五）は「諸法の法界」と読む。一方【弘全】（一・五三六）および【中川】（九六）、【小田】（三三四）、【加藤】（一〇五）、【福田】（三六）、【北尾】（二二八）、【松本】（二二）は「諸法法界」と読み、諸法は法界なりという意味に理解している。ここでは後者の読みに随う。

3 阿字の字義

【要旨】

『大日経疏』の文を借りて、阿字には、不生と空と有の三種の意味があることを説き、さらに『大日経疏』に引かれた『中論』の「因縁より生じたものは、空であり、仮であり、中である」という三諦を説く文をもって、阿字本不生の内容を説明し、また『大智度論』に説く三智を阿字の三種の意味に充てている。

【現代表現】

次に阿字本来の意味について述べるが、『大日経疏』巻第七（【大正】三九・六四九中）によれば、阿字には三通りの意味がある。すなわち不生の意味と、空の意味と、有の意味とである。サンスクリット語のa字は、本初《ほんじょ》（ādi）という意味を象徴的に表す言葉で、a字そのものが本初という意味を含め持っている。もし本初すなわち存在の大元《おおもと》というものがあれば、それは因縁によって生じたものが存在するということになり、それは有ということになる。またaには、無生（anutpāda）という意味がある。もし存在するものが何らかの因縁によって成立しているとすれば、その因縁の大元を求めても求めきれず、それ自体の固定的な性質は無いということになる。それゆえに空ということになる。また不生という意味は、生とか滅という対立関係を超えた絶対的な真実の境地で、言い換えればそれは中道ということになる。

以上のようなわけで、竜猛は『中論』第四の観四諦品（【大正】三〇・三三中）において「因縁より生じたものは、空であり、また仮に有として立てただけのもの（仮有）であり、中である」と述べている。

さらにまた『大智度論』（【大正】二五・六四九上）には、一切智（sarvajñā）を説明するために、三種の名前を挙げている。その中で空を会得する一切智は声聞・縁覚の二乗ともに共通する智慧であり、化他の智慧である道種智《どうしゅち》は菩薩乗にも共通する智慧で、一切種智はあらゆる存在の真実の姿を明らかにする中道の智慧で、仏だけが所有する。

これらの三種の智慧は、実のところは別々のものではなく、われわれの心の中に同じように存在するものであるが、人々に分かりやすくするために、それぞれの宗教的な能力に合わせて三種類に分けた名前を付けているに過ぎない。以上が阿字についての本来の意味である。

【読み下し文】

次に阿字の実義と者《は》、三義有り。いわく不生《ふしょう》の義、空の義、有《う》の義なり。梵本の阿字の如きは本初《ほんじょ》の声《しょう》有り。若し本初有るは則ち是れ因縁の法なり。故に名づけて有と為す。又阿と者、無生の義なり。若し法、因縁を攬《と》って成《じょう》ずるは則ち自ら性有ること無し。是の故に空と為す。又不生の義と者、即ち是れ一実《いちじつ》の境界、即ち是れ中道なり。故に竜猛《りゅうみょう》の云《のたまわ》く。「因縁生《いんねんじょう》の法は亦空亦仮亦中《やくくうやくけやくちゅう》なり」と。

又大論《だいろん》に薩婆若《さはんにゃ》を明かすに三種の名有り。一切智は二乗と共《ぐう》す。道種智《どうしゅち》は菩薩と共す。一切種智は是れ仏の不共《ふぐう》の法なり。

此の三智は其れ実には一心の中に得《とく》す。分別して人をして解し易から令《し》めんが為の故に、三種の名を作《な》す。即ち此れ阿字の義なり。

【原漢文】

次ニ阿字ノ実義ト者、有リ二三義一。謂ク不生ノ義、空ノ義、有ノ義ナリ。如キハ二梵本ノ阿字ノ一有リ二本初ノ声一。若シ有ルハ二本初一則チ是レ因縁之法ナリ。故ニ名ケテ為スレ有ト。又阿ト者、無生ノ義ナリ。若シ法、攬テ二因縁ヲ一成スルハ則チ自ラ無シレ有ルコトレ

性。是《ノ》故《ニ》為《ス》空《ト》。又不生《ノ》義《ト》者、即《チ》是《レ》一実《ノ》境界、即《チ》是《レ》中道《ナリ》。
故《ニ》竜猛《ノ》云《ク》。因縁生《ノ》法《ハ》亦空亦仮亦中《ナリト》。
又大論《ニ》明《スニ》薩婆若《ヲ》有《リ》三種《ノ》名。一切智《ハ》与二乗共《ス》。道種智《ハ》与菩薩共《ス》。一切種智《ハ》是《レ》仏《ノ》不共《ノ》法《ナリ》。
此《ノ》三智《ハ》其《レ》実《ニハ》一心《ノ》中《ニ》得《ス》。為《ノ》分別《シテ》令《ンカ》人《ヲシテ》易《カラ》解《シ》故《ニ》、作《ス》三種《ノ》名《ヲ》。即《チ》是《レ》阿字《ノ》義《ナリ》。

【用語釈】

「本初」　ものごとの最初となる根源的存在。サンスクリット語の ādi の翻訳。

「一実」　唯一なる絶対の真理。諸法実相、空、法性ともいわれる。

「竜猛」　サンスクリット語では、Nāgārjuna。通常では竜樹と訳され、二世紀ころ実在した中観仏教の泰斗で、八宗の祖とみなされる人物。密教では、同じ名前を竜猛と漢訳し、大日如来・金剛薩埵と伝え保持された正系の密教を相承した、付法の上では真言密教の第一番目の祖師と見なされる。『中論』を著したのは、大乗仏教の竜樹であるが、ここでは密教の竜猛の名に変えて記している。

「薩般若」 サンスクリット語の sarvajñāna の音訳。一切智のこと。この場合の一切は複数を表さず、絶対の意味を持つ。

「道種智」 三十七品・六波羅蜜等の修行の道を実践する菩薩が所有する化他の智慧。

「一切種智」 三世一切の存在のありのままの姿を悉く知り尽くした仏の絶対の智慧。

「不共」 共なるものなし、つまり独自のという意味。

4 阿字の字義の展開

(1) 本初不生の字義

【現代表現】

続いて以下に阿字の本来の意味について述べよう。『大日経疏』巻第七(【大正】三九・六五二下)に「阿字門を修することによって、あらゆる存在はもともと生じたものではない(本不生)ということが分かる。総じてこの世界で使われる言葉はすべて真理の世界に属する根源的なコトバに基づいている。さらにその根源的なコトバは文字としても現実世界に現れている。いわば悉曇文字の阿字（𑖀）はまたあらゆる文字を生み出す母のような役割を持っている。阿字の教えの本来の意味もちょうどそれと同じで、この阿字によって表される本不生の本来の意味が、もともと現実に存在するあらゆるものの中に広くゆきわたっていると知ってほしい。

　そのわけといえば、現実に存在するあらゆるものについていえば、そもそもいくつかの縁が寄り集まって生まれたものでないものは存在しない。だから縁によって生じたものはすべて初めがあり、そのもとになるものがある。ここで述べているこのように縁から生じたものは、色々多数の因縁より生じたものであって、その根源となる大元をどこまで探していっても、何らかの縁があって、始めて生じるための大元《おおもと》になる固定した実体というものは見つからない。このように見てゆくと、本来的に不生である極限の状態（本不生際《ほんぷしょうざい》）これこそあらゆる存在の大元に他ならないことが分かる。

　ちょうどこのことは、あらゆる言葉を聞く時、どのような場合でも、その言葉の中にアの声が聞こえるように、一切の存在物が生じているのを見るということは、本来的に不生である極限の状態を見ることとなる。この本不生際を見る者はとりもなおさず自己の心を知ることになる。ありのままに自己の心を知るということは、仏の持っておられる絶対智すなわち一切智智を自分も同じく持っているということを知ることである。それだから毘盧遮那仏は唯この一字をもって真言となされている。

といっても世間の凡夫たちは存在の真の大元を知ろうともしないので、勝手に生があると考えている。そのために彼らは生死の輪廻の世界にさまよい、自分ではそこから脱出することが出来ないでいる。ちょうど無知な絵描きが絵具を使って、恐ろしい夜叉を画き、出来上がって絵描き自身がそれを見て、恐怖心を抱いて倒れてしまうようなものである。われわれ凡夫もちょうどこれと同じで、ものごとの大元と思い込んだ妄想を持ち出して自分勝手な世界を造り出し、そこに自分で飛び込んで、心を迷わし色々な悩みに襲われる。

それとは逆に、もともと仏の智慧を具えた絵描きは、こういったことは十分承知していて、よく仏の大悲の精神を表す曼荼羅を造り上げるのである。このことからいわゆる甚深秘蔵《じんじんひぞう》というのは、われわれ凡夫のほうが隠しているだけで、仏の側から隠しているわけではない」と説かれている。以上が阿字の本来の意味である。

【読み下し文】

又「いわゆる阿字門の一切諸法本不生と者、（中略）凡そ三界の語言《ごごん》は皆名に依る。名は字に依るが故に、悉曇《しったん》の阿字亦衆字の母《も》と為《す》。当に知るべし、阿字門の真実義も亦復是《かく》の如し。一切法義の中に遍ず。

所以者何《ゆえいかん》となれば、一切法は衆縁より生ぜざること無きを以て縁より生ずる者は悉く皆始め有り、本《もと》有り。今此の能生の縁を観ずるに、亦復、衆の因縁より生ず。展転《ちんでん》して縁に従う。誰か其の本と為《せ》ん。#是の如く観察する時に則ち本不生際は是れ万法の本なりと知ぬ。

猶し一切の語言を聞く時に、即ち是れ阿の声を聞くが如く、是の如く一切法の生を見る時に、即ち是れ本不生際を見るなり。若し本不生際を見る者は、是れ実の如く自心を知る。実の如く自心を知るは即ち是れ一切智智なり。故に毘盧遮那は唯此の一字を以て真言と為したまう。

而も世間の凡夫は諸法の本源を観ぜざるが故に、妄《みだり》に生《しょう》有りと見る。所以《このゆえ》に生死《しょうじ》の流れに随うて自《みずか》ら出ること能わず。彼の無智の画師の自ら衆綵《しゅうさい》を運んで可畏《かい》の夜叉の形を作し、成し已って還って自ら之を観て、心に怖畏《ふい》を生じて頓《たちまち》に地に躃《た》うるが如く、衆生も亦復是の如し。自ら諸法の本源を運んで三界を画作して還って自ら其の中に没し、自心に熾然《しねん》にして備《つぶさ》に諸苦を受く。如来の有智《うち》の画師《えし》は既に了知し已って即ち能く自在に大悲漫荼羅を成立《じょうりゅう》す。是れに由《よ》って言わば、謂わゆる甚深秘蔵と者、衆生の自ら之を秘すのみ。仏の隠すこと有るには非ざるなり」。是れ則ち阿字の実義なり。

〈是の如く観察する時〉以下〈是れ万法の本なりと知ぬ〉まで、【定弘】の読みに従ったが、【弘全】では〈是の如く観察する時に即ち本不生際を知る。是れ万法の本なり〉と読む。

【原漢文】

又所レ謂ル阿字門ノ一切諸法本不生ト者、凡ソ三界ノ語言ハ皆依ル二於名一ニ。而名ハ依ルカ二於字一ニ故ニ、悉曇ノ阿字亦為ス二衆字之母一ト。当ニシレ知ル、阿字門ノ真実義モ亦復如シレ是ノ。遍スニ於一切法義之中ニ一也。

所以者何トナレハ、以テ下一切法ハ無キヲレ不ルコト中従リ二衆縁一生セ上従リレ縁生スル者ハ悉ク皆有リレ始、有リレ本。今観スルニ二此ノ能生之縁ヲ一、亦復従リ二衆ノ因縁一生ス。展転シテ従フレ縁ニ。誰カ為ン二其ノ本ト一。如クレ是ノ観察スル時ニ則チ知ヌ二本不生際ハ是レ万法之本ナリト一。猶シ如ク下聞ク二一切ノ語言ヲ一時ニ、即チ是レ聞クカ中阿ノ声ヲ上、如クレ是ノ見ル二一切ノ法ノ生ヲ一時ニ、即チ是レ見ルナリ二本不生際ヲ一。若シ見ル二本不生際ヲ一者ハ、是レ如クレ実ノ知ル二自心ヲ一。如クレ実ノ知ルハ二自心ヲ一即チ是レ一切智智ナリ。故ニ毘盧遮那ハ唯以テ二此ノ一字ヲ一為タマフ二真言ト一也。

而モ世間ノ凡夫ハ不ルカレ観セ二諸法ノ本源ヲ一故ニ、妄リニ見ルレ有リトレ生。所以ニ随テ二生死ノ流ニ一不レ能ハ二自ラ出ルコト一。如ク下彼ノ無智ノ画師ノ自ラ運ンテ二衆綵ヲ一作シ二可畏ノ夜叉之形ヲ一、成シ已テ還テ自ラ観テレ之ヲ、心ニ生シテ二怖畏ヲ一頓チニ躄フルカ中于地ニ上、衆生モ亦復如シレ是ノ。自ラ運ンテ二諸法ノ本源ヲ一画三‐作シテ三界ヲ一、而還テ自ラ没シテ二其ノ中ニ一、自心ニ熾然ニシテ備サニ受ク二諸苦ヲ一。如来ノ有智ノ画師ハ既ニ了知シ已テ、即チ能ク自在ニ成二‐立ス大悲漫荼羅ヲ一。由テレ是ニ而モ言ハ、所ルレ謂甚深秘蔵ト者、衆生ノ自ラ秘スレ之ヲ耳。非サルニ仏ノ有ルニハレ隠スコト也。是レ則チ阿字之実義也。

【用語釈】

「本不生」　サンスクリット語の ādyanutpāda の訳。ものごとの本源（ādi）において本来的に生じたもの（utpāda）ではない（a）という意味。

「名」　この場合の名は名前ではない。『声字義』では「名」は根源的なコトバの分節化を指す。詳しい解説は、拙著『訳注　声字実相義』三九頁の【用語釈】中の「名教」参照。この点に関して、現代の解説者はすべてこれを名前と理解している。

「悉曇」　サンスクリット語の siddhaṃ の音写語。成就という意味を持つが、独特の形態を持ったサンスクリット文字。

「一切法義」　伝統教学では、「法義」の読み方に三種ありと見ている。詳細は【紀要別・吽】四六頁の北川の用語釈参照。ここでは「一切法の義」の読みを採用した。

「毘盧遮那」　サンスクリット語の vairocana の音訳。大日如来を指す。

「衆綵」　衆は様々な、彩は五色を具えた綾の色どり。

「大悲漫荼羅」　通常は大悲胎蔵生曼荼羅をさすと見倣すが、ここでは特定の曼荼羅をさず、仏の大悲の心を表現した曼荼羅の意味であろう。宥快【略鈔】（一五〇下）【小田】（三四八）は「四重法界の円壇」とみる。

「衆生の自秘」　秘密とは、対象となる物や現象が姿を隠しているのではなく、それを認識する主体が、自身の目がかすんでいて、それらの真実の姿を把握することが出来ないことをいう。より詳しい説明は『辯顕密二教論』巻下に譲る。

（2）『守護国界主陀羅尼経』の説

【現代表現】

また『守護国界主陀羅尼経』（【大正】一九・五六五下）は、「阿字とはこれは菩提心という意味であり、これは色々な教えそのものという意味であり、また二つとはないもの（無二）という意味であり、また様々な教えの果の意味であり、これはあらゆる存在の真理の意味であり、またこれは自在の意味であり、また真理そのものを表す仏の身体の意味である」と。以上はすべて阿字の真実の意味である。

また同じ経典の第二陀羅尼品（【大正】一九・五三二上）に、「この時に一切法自在王菩薩摩訶薩は、仏に次のように申し上げた（以下に阿字の百義を説く）。」

【読み下し文】

又経に云く。「阿字と者、是れ菩提心の義、是れ諸法門の義、亦無二の義、亦諸法果の義、亦是れ諸法性の義、是れ自在の義、又法身の義なり。」是《か》くの如く等の義は皆是れ阿字の実義なり。

又『守護国界主陀羅尼経』に説く。「爾《そ》の時に一切法自在王菩薩摩訶《まか》薩《さつ》、仏に白《もう》して言さく。」

【原漢文】

又経ニ云ク。阿字ト者、是レ菩提心ノ義、是レ諸法門ノ義、亦無二ノ義、亦諸法果ノ義、亦是レ諸法性ノ義、是レ自在ノ義、又法身ノ義ナリ。如レク是ノ等ノ義ハ皆是レ阿字ノ実義也。

又守護国界主陀羅尼経ニ説ク。爾ノ時ニ一切法自在王菩薩摩訶薩白シテレ仏ニ言ク。

5　汙《う》字の字義

【要旨】

汙（ū）字はものごとの否定的な、あるいはマイナス面を示すūnaというサンスクリット語の頭文字であり、漢訳では損減と訳される。この損減という文字の意味について、散文（長行《じょうごう》）と韻文（頌《じゅ》）の両面から説く。初めに常識から見て、汙字の一切諸法は損減の実体を把握することが不可得であるとその概要を示し、それに対する外道並びに小乗と大乗の見解を摘要し、あわせて損減の六義についての本来の意味について述べる。さらに字義として旋陀羅尼門《せんだらにもん》によって説明し、最後に韻文により汙字についての密教から見た本来の意味を要約して示す。

イ　散文による説明

(1) 汙字の字義とは

【現代表現】

第三に汙字の本来の意味とは、次の通りである。

いわゆる汙字の教えは、あらゆる存在が損じたり、滅じたりすることの実体を認識することは不可能であるということが、汙字の持っている本来の意味である。

【読み下し文】

三に汙字の実義と者、いわゆる汙字門は一切諸法損減《そんげん》不可得の故に、是れを字義と名づく。

【原漢文】

三ニ汙字ノ実義ト者、所レル謂汙字門ハ一切諸法損減不可得ノ故ニ、是ヲ名二ク字義ト一。

（2）凡夫・外道より見た字義

【要旨】

以下に述べる、2　凡夫・外道より見た字義、3　小乗・大乗より見た字義の内容を、十住心に当てはめる見解が示されている（【那須】六三—七二）。宥快【略鈔】（一五三上）も「十住心に訳して、汙字の実義を明かす」と解釈しているように、それが伝統教学では通常の理解であったようである。この箇所には確かに十住心の構格は窺えるが、後に完成した『十住心論』、『秘蔵宝鑰』に見られるような纏まった十住心の思想ではなく、十住心思想の形成過程の適用と考えてよい。

【現代表現】

また次に真理の世界は、ちょうどわれわれを取り囲むこの果てしない虚空が、永遠に存在し、いつも変わることがないことに似ている。またそこに存在する、塵の数ほど多くの数限りない仏の智慧は、日・月・星辰がもともとから存在しているのと少しも変わりがない。それほど永遠に存在している。高台がそびえ立って天の領域を侵し、巨大な高台が天を断ち切っても、なんら傷つかないことが無限に広がる虚空の特徴である。

さらにまた虚空は大災害が大地を覆い尽し、大火災が大地に聳える諸楼閣を焼き尽すような大災害に出遭っても、増したり、増えたりはしない。そのように果てしなく広がるのが虚空の特徴でもある。

人々が本来的に持っている真理の世界に喩えられるような虚空もちょうどそれと同じである。人々の持つ迷いの大きさには限界がなく、人々の慢心は世界最高峰の須弥山《しゅみせん》よりも高いとされるけれども、真理をことごとく囲みこんだ虚空は太古より常に存在し、損なわれることもなく、無くなるようなこともない。以上が汙字の持つ本来の意味である。

仏教以外の外道の有力な六派の人々は、仏教の説く因果の道理を否認するけれども、彼らがどれほど無視しても、密教でいう身口意の三密は虚空のように本来的に奥深く、静寂で少しもぶれることなく、どのようなことが起こっても、減るようなこともなく、無くなるようなこともない。以上が汗字の本来の意味である。

【読み下し文】

復次に一心法界《ほっかい》は猶《なお》一虚《いっこ》の常住なるが如く、塵数《じんじゅ》の智慧は譬えば三辰《さんしん》の本有《ほんぬ》なるが如し。高山《こうざん》漢を干《お》かし、曾台《そだい》天を切ると云うと雖も、損減《そんげん》せざるは大虚《たいきょ》の徳なり。劫水《こっすい》地を漂《ただよわ》し、猛火台を焼くと云うと雖も、増益《ぞうやく》せざるは大虚の徳なり。一心の虚空も亦復是の如し。無明住地辺際《へんざい》無く、我慢《がまん》の須弥《しゅみ》頭頂《ずちょう》無しと云うと雖も、一心の虚空は本来常住にして損せず、滅せず、是れ則ち汗字の実義なり。六師外道因果を撥無《はつむ》すと雖も、三密の虚空は本来湛然《たんねん》として、損も無く滅も無し。是れを汗字の実義と名づく。

【原漢文】

復次ニ一心法界ハ猶如ク二一虚ノ常住ナルカ一、塵数ノ智慧ハ譬ヘハ如シ二三辰ノ本有ナルカ一。

雖モレ云フト二高山干《オ》カシレ漢ヲ曾台切ルトレ天ヲ。而不ルハ二損減セ一者大虚之徳也。雖モレ

云《フト》二劫水漂《シ》レ地《ヲ》猛火焼《クト》レ台《ヲ》、而不《ルハ》二増益《セ》一者大虚之徳也。
一心《ノ》虚空《モ》亦復如《シ》レ是《ノ》。雖《モ》レ云《フト》下無明住地無《ク》二辺際一、我慢《ノ》須弥無《シト》中頭頂上。而一心《ノ》虚空《ハ》本来常住《ニシテ》不レ損《セ》不レ滅《セ》、是《レ》則《チ》汙字《ノ》実義也。
雖《モ》三六師外道撥二無《スト》因果《ヲ》一、三密《ノ》虚空《ハ》本来湛然《トシテ》無《ク》レ損《モ》無《シ》レ滅《モ》。
是《ヲ》名《ク》二汙字《ノ》実義《ト》一。

【用語釈】

「一心法界」　一心は衆生が具え持つ仏の心。法界は真理の世界。【曇寂】（二七五上）は「一心は本具の心性なり。一とは此れ算数の一に非ず。謂く如理虚融平等不二の故に一と為す」と。

「一虚」　この「一」も、前項の一と同様に解すべきであろう。「一つの虚空」（【小野塚】三〇九、【宮坂】一四二）、「唯一なる虚空」（【北尾】一三八）の訳は疑問。

「三辰」　太陽と月と星。

「高山」　須弥山という説（【頼瑜】六八下、宥快【略鈔】一五四上）と、単に高い山（【小田】三五六、【栂尾】二八九）という二つの解釈があるが、以下の曾台の対句としてみて、後説を取る。

「漢を干し」 漢は天のこと。

「曾台」 高台のこと。

「劫水」 宇宙のありさまを、成（出来上がる）・住（維持してゆく）・壊（破壊される）・空（もとの空虚な状態に戻る）の四時期に分かつ世界観のうち、住劫から壊劫に移るときに起こるという大きな三種の災害の中の大水害。

「六師外道」 釈尊と同時代に活躍した有力な六派の外道。いずれも仏教と同じくインドの伝統的なバラモンの教説には反対する学派であるが、仏教と意見を異にする点もあり、仏教との間でも色々な点で論戦が交わされている。

（3）小乗・大乗より見た字義

【現代表現】

声聞、縁覚の教えを信条とする二乗の人たちは、自我に対する執着を伐り割く鋭利な斧でもって、身心などを構成する五種の要素の集まり（五蘊《ごうん》）を、あたかも柴や薪のように粉ごなに伐り刻んでしまう。とはいえ対立を超越した真理に基づいた教え、つまり密教には少しの欠損も滅尽も無い。このような理由で汙字には損減が無いのだという。

また大乗でも、中観派では存在の実体は空であると主張し、人《にん》に対する執着、存在に対する執着というような塵や垢にも似た愚かな見解を猛火をもって焼き尽し、何も残らないほど徹底した主張を繰り広げるが、それに対しても、身口意の三密の教え、つまり密教は少しも傷つかない。それは火に投げこんで焼いても、付いている垢が落ちるだけで、かえって浄化される不思議な火布に似ている。汙字の本来の意味もまたそれと同様である。

法相宗が説く唯識説では、三性説《さんじょうせつ》を立てて、認識のありかたによって現実世界に存在するものを誤って分別して実体がある、あるいは因縁により生じたものだと主張するような愚かな考えを持つが、それらの説を徹底して打ち破る。とはいえ身口意の三密の正しい教えは、まだまだ十分ではない唯識説の如きによっては傷つけられることがない。汙字によって表される本来の意味もそれと同じである。

またある人は、現実世界が真実から離れていることを嫌い、真理の世界が迷いを離れていることを理想だと信じ、言語の表現を否定するような教えに同調して　現実を受け入れず、心の働きをことごとく断ち切った静かな境地に憧れて、現実を頭から否認するけれども、身口意の三密に基づく密教の教えにあっては、このような断絶や否定に基づいた教えは意味をなさない。汙字の本来の意味はこのようなものと心得てほしいものである。

【読み下し文】

諸の二乗等、無我の利斧《りふ》を挙げて身心《しんじん》の柴薪《さいしん》を斫《き》る。然れども猶一心の本法《ほんぽう》は寧ろ損減有らんや。故に汙字の不損減と名づく。

又大乗の空観《くうがん》の猛火、人法《にんぽう》執着の塵垢《じんく》を焼いて、遺余《いよ》有ること無けれども、三密の損ぜざること、猶し火布《かほ》の垢《く》尽きて衣《ころも》浄きが如し。汙字の実義も亦復是の如し。

復次に或いは遍計《へんげ》の蜃楼《しんろう》を破し、依他《えた》の幻城《げんじょう》を壊《え》すれども、三密の本法は豈に毀傷《きしょう》有らんや。汙字の実義も応に是の如く知るべし。

又人有って有為の非真を厭い、無為の離妄を欣《ねが》って言語《ごんご》の道を廃詮《はいせん》の門に絶し、心《しん》行《ぎょう》の処《ところ》を寂滅の津《つ》に滅すれども、此の三密の本法において何ぞ曾《かつ》て絶滅せん。汙字の実義も当に之を知るべし。

【原漢文】

諸ノ二乗等挙ケテ二無我之利斧ヲ一斫《キ》ル二身心之柴薪《サイシン》ヲ一。然レトモ猶ホ一心ノ本法ハ寧ロ有ンヤ二損減一。故ニ名ク二汙字ノ不損減ト一。

又大乗ノ空観之猛火焼テ二人法執着之塵垢ヲ一無レトモ有ルコト二遺余一、三密ノ不ルコトレ損セ猶シ如シ二火布ノ垢尽キテ衣モ浄キカ一。汙字ノ実義モ亦復如シレ是ノ。

復次ニ或ハ破シ二遍計之蜃楼ヲ一、壊スレトモ二依他之幻城ヲ一、三密ノ本法ハ豈ニ有ンヤ二毀傷一乎。汙字ノ実義モ応シ二如クレ是ノ知ル一。

又有ツテレ人厭ヒ二有為之非真ヲ一、欣テ二無為之離妄ヲ一絶シ二言語ノ道ヲ於廃詮之門ニ一。滅スレトモ二心行ノ処ヲ於寂滅之津ニ一、於テ二此ノ三密ノ本法ニ一何ソ曾テ絶滅セン。汙字ノ実義モ応シ二当ニ知ル一レ之ヲ。

【用語釈】

「火布」　中国の火林山に住む、ある獣の毛で編んだ不思議な布のことで、布が汚れても、火にくべて取り出し水で洗うと、垢がきれいに除去されるという伝承がある。

「遍計の蜃楼」　遍計所執性《へんげしょしゅうしょう》（遍く分別され、実体があると執着せられたもの）は、実体がないという点で、蜃気楼に似ている。唯識の三性説の一。

「依他の幻城」　依他起性《えたきしょう》（他によって起こる性質を持ち、因縁によって起こるもの）は、実体はないので、幻によって出来上がった城に譬える。唯識の三性説の一。

（4）損減の六義に対する字義

【要旨】

現実存在を否定的な角度から観察して性格づける仏教の通常の考えを、六種の立場に整理し、それらの外形的な見方をまず紹介し、そのような考え方がまだ十分ではなく、それらの本来の意味を、密教の立場から叙述する。

損減という語は、不空訳『瑜伽金剛頂経釈字母品《ゆがこんごうちょうきょうしゃくじもぼん》』（【大正】一八・三三八中）に挙げられるū字をもって象徴されるūnaの訳語である。

この損減の六義に、十住心の第四住心から第九住心までを配当する説があったようである。宥快がそれを紹介している（【広鈔】七七上下）。

【現代表現】

先に述べた損減ということは、一般的な考えでは、次のような六種の考え方が含まれる。

（第一に）世間は思い通りにはならぬもの（苦）であり、固定した実体のないもの（空）であり、移り変わるもの（無常）であり、固定した個我がない（無我）という考え。

（第二に）出来上がり（生）、現状維持し（住）、移り変わり（異）、壊れ消え去る（滅）ものだという考え。

（第三に）日常生活、あるいは精神生活の上で自由を得ることが出来ないという考え。

（第四に）決まった状態にいつも留まることの出来ない性質を持つという考え。

（第五に）すべて因縁によって生じたものであるという考え。

（第六に）いずれも相対的で相互に依存しあい、絶対的なものではないという考え。

以上のような六種の考えが、現存在に対する否定的な見方ということである。

密教でいう損減の本来の意味はこれらとは違っている。『守護国界主陀羅尼経』（【大正】一九・五六五下）には、「汙字は報身《ほうしん》という意味である」と説かれている。この場合の「報」というのはまず何らかの因縁があって、それに応えて生じた報いの結果という意味ではない。

1　両者が釣り合い、相応しているから報という。
2　客体（理）と主体（智）が釣り合い相応しているから報という。
3　心とその対象となる環境（境）が釣り合い相応しているから報という。
4　仏の絶対の体（法身）と生きものの相対的な体（智身）が釣り合い無二の関係にあるから報という。
5　本性（体）と外形（相）とが妨げなく入り込み合っているから報という。
6　本体（体）とその働き（用）が一体となって相応しているから報という。

こういった意味で、否定的な教説の多い小乗ないし一般の大乗の教えとは違って、密教ではその逆を説く。

すなわち（第一に）現世は無常ではなく常、苦ではなく楽、無我ではなく（大）我、汚ではなく浄、これらが汙字の本来の意味である。一般に考えている損減の持つ否定的な意味を含まないからである。

（第二に）世の中のものは生・住・異・滅というように常に移り変わるものではなく、真理は不変で変わりがないというのが汙字の本来の意味である。そもそも本質的にものは形を変えて移り変わるということがないからである。

（第三に）十種の自在（寿命・心・荘厳・業・受生・解脱・願・神力・法・智等の自在）が汙字の本来の意味である。障りや妨げがないからである。

（第四に）本来の住所である法界の本体に、常に存在することが汙字の本来の意味である。常住であって、住所を変えたりしないからである。

（第五に）あらゆる因縁を超えた存在であることが汙字の本来の意味である。もともと生とか滅を超えた存在で、虚空と等しいからである。

（第六に）対立観念を超越して両極端に走らない境地に立つことが汙字の本来の意味である。対立するどちらの立場でも結局のところ同じだからである。

また次に因縁より生じた存在は、かならず生・住・異・滅の四種の姿をとる。このような四種の姿を持っているから、それは形を変えたり、無くなってしまったりして無常なのである。形を変え、無くなってしまうから、それは苦であり、空であり、無我なのである。苦であり、空であり、無我であるから、万事自在であることはない。自在であることがないから、定まった自己の性質がない。定まった自己の性質を持たないから、高い低いを比べてみたり、尊いとか卑しいといったさまざまな比較をしてしまう。もし劣ったものと勝れたものとを対比すると、劣ったものは損となり、下のものと、上のものとを比べると、下のものは減という名で呼ばれることになる。このように損とか減とされるものはその数を数えきれない。

このように損とか減が限りなく生まれるわけは、まさに本源に逆らい、末端に向かい、迷いの流れにそのまま従ってしまうからである。

そのために欲界・色界・無色界の三界にさまよい、地獄・餓鬼・畜生・修羅・人・天の六道を輪廻する人々は長い間　万物が一であるという真実に帰り着く道筋を見失って迷い、常に貪り、怒り、真理に対する無知の三種の毒に侵されて、現世の事物に心を奪われ、幻にも似た荒れ果てた野原をさ迷い歩き、真理の源に帰ろうとする気持ちを起こさず、夢うつつの空しい世界で長く眠りこんでいる。このような人々が目覚めるのはいつのこととなろうか。

今、仏の目でこのような浮世の状態をみると、仏も人々ももともとは同じように覚っていることに変わりはない。仏と凡夫には区別なく、別々の存在ではなく、平等だということである。したがって両者には増すこともなければ、減るという定めもない。それなのに、どうして上とか下とか、損とか減といった区別する考えを持つ人がいるであろうか。このような区別を超えたものを、汙字の本来の意味というのである。

【読み下し文】

いわゆる損減と者、苦・空・無常・無我の故に、四相遷変《せんぺん》の故に、不得《ふとく》自在の故に、不住自性の故に、因縁所生《しょしょう》の故に、相観待《そうかんだい》の故に、是の六義を以ての故に、諸法損減と名づく。

今いう所の汙字の実義と者、是の如くにはあらず。経に云く。「汙字は報身《ほうしん》の義なり」と。此の報とは因縁酬答《しゅうとう》の報果《ほうか》には非ず。相応相対《そうだい》の故に名づけて報と曰《い》う。此れ則ち理智相応の故に報と曰う。心境相対の故に報と曰う。法身智身相応無二の故に報と名づく。性相無㝵渉入の故に報と曰う。体用《たいゆう》無二相応の故に報と曰う。

是の故に常楽《じょうらく》我浄《がじょう》は汙字の実義なり、損減無きが故に。一如不動《いちにょふどう》は汙字の実義なり、異相遷変《せんぺん》無きが故に。十自在は是れ汙字の実義なり、罣㝵《けいげ》無きが故に。本住体性は汙字の実義なり、改転せざるが故に。遠離因縁《おんりいんねん》は汙字の実義なり、本来不生にして虚空に等しきが故に。超過観待《かんだい》は汙字の実義なり、同一性の故に。

復次に因縁生《いんねんじょう》の法は必ず四相《しそう》を帯《たい》す。四相を帯するが故に、変壊《へんね》無常なり。変壊無常なるが故に、苦空無我なり。苦空無我なるが故に、不得自在なり。不得自在の故に、不住自性なり。不住自性なるが故に、高下《こうげ》相望《そうもう》するに尊卑《そんぴ》重重《じゅうじゅう》なり。

若し劣を以て勝に望むるに、劣は則ち損と為《す》。下《げ》を以て上《じょう》に比するに、下は則ち減と名づく。

是の如くの損減其の数無量なり。誠に是れ本《ほん》に背き末に向かい、源に違《い》し流れに順ずるが致す所なり。

是の故に三界六道は長く一如《いちにょ》の理に迷《まど》い、常に三毒の事《じ》に酔うて幻野《げんや》に荒猟《こうりょう》して帰宅に心無く、夢落《ぼうらく》に長眠《じょうめん》す。覚悟何《いず》れの時ぞ。

今仏眼《いまぶつげん》を以て之を観るに、仏と衆生と同じく解脱の床《ゆか》に住す。此れも無く彼も無く無二平等なり。不増不減にして周円《しゅうえん》周円なり。既に勝劣増益《ぞうやく》の法無し、何ぞ上下の人《にん》有らん。是れを汙字の実義と名づく。

【原漢文】

所レル謂損減ト者、苦空無常無我ノ故ニ、四相遷変ノ故ニ、不得自在ノ故ニ、不住自性ノ故ニ、因縁所生ノ故ニ、相観待ノ故ニ、以二ノ是ノ六義一ヲ故ニ、名二ク諸法損減一ト。

今所レノ謂フ汙字ノ実義ト者、不レス如レニハ是ノ也。経ニ云ク。汙字ハ報身ノ義ナリト。

此ノ報ト者非二ス因縁酬答之報果一ニハ。相応相対ノ故ニ名テ曰レフ報ト也。此レ則チ理智相応ノ故ニ曰フレ報ト。心境相対ノ故ニ曰フレ報ト也。法身智身相応無二ノ故ニ名クレ報ト。性相無导渉入ノ故ニ曰フレ報ト。体用無二相応ノ故ニ曰フレ報ト也。是ノ故ニ常楽我浄ハ汙字ノ実義ナリ、無キカ二損減一故ニ。一如不動汙字ノ実義ナリ、無キカ二異相遷変一故ニ。十自在是レ汙字ノ実義ナリ、無キカ二罣导一故ニ。本住体性ハ汙字ノ実義ナリ、不ルカ二改転セ一故ニ。遠離因縁ハ汙字ノ実義ナリ、本来不生ニシテ等キカ二虚空ニ一故ニ。超過観待ハ汙字ノ実義ナリ、同一性ノ故ニ。

復次ニ因縁生ノ法ハ必ス帯ス二四相ヲ一。帯スルカ二四相ヲ一故ニ、変壊無常ナリ。変壊無常ナルカ故ニ、苦空無我ナリ。苦空無我ナルカ故ニ、不得自在ナリ。不得自在ノ故ニ、不住自性ナリ。不住自性ナルカ故ニ、高下相望スルニ尊卑重重ナリ。若シ以テレ劣ヲ望ムルニレ勝ニ、劣ハ則チ為レ損ト。以テレ下ヲ比スルニレ上ニ、下ハ則チ名クレ減ト。如クノレ是損減其ノ数無量ナリ。誠ニ是レ背キレ本ニ向ヒレ末ニ、違シレ源ニ順スルカレ流レニ之所ナリレ致ス也。

是ノ故ニ三界六道ハ長ク迷ヒ二一如之理ニ一、常ニ酔フテ二三毒之事ニ一荒二‐猟シテ幻野ニ一無クレ心ロ二帰宅ニ一、長二‐眠ス夢落ニ一。覚悟何レノ時ソ。

今以二テ仏眼一ヲ観レルニ之ヲ、仏ト与二衆生一同ク住二ス解脱之床一ニ。無レク此モ無レク彼モ無二平等ナリ。不増不減ニシテ周円周円ナリ。既ニ無二シ勝劣増益之法一、何ゾ有二ラン上下ノ損減之人一。是ヲ名二ク汙字ノ実義一ト。

【用語釈】

「苦空無常無我」　声聞乗の説く念処観《ねんじょかん》で、外道が現世を、浄・楽・常・我としてみる見解（四顛倒）を破する目的を持つ。

「四相遷変」　生・住・異・滅の四段階で、現象世界は変化するという考え。

「不得自在」　煩悩等の障りによって自在を得られない状態。

「不住自性」　あるべき本体を失い、拠り所を持たない状態。

「因縁所生」　色々な因縁が寄り集まって出来上がる状態。

「相観待」　相互に依存しあう状態。

「報身」　過去世の良き行為に報いる結果として現世に菩薩としての生を受け、衆生救済のために献身する仏身。ここではそのような通常の報身ではなく、あらゆる二元的な対立を超越した仏身と見る。『守護国界主陀羅尼経』に、oṃ字を、a, u, maの三字の合成と見て、a字は菩提心の意味で法身、u字は報身、ma字は化身とする説が記されているのを典拠とする。

「理智」 理は真理、智はそれを認識する当体。「是れは能証と所証の相応」（宥快【略鈔】一六〇下）以下「法身智身」まで宥快の解釈を付す。

「心境」 認識する主体としての心と、認識する対象となる客体としての境。「能縁所縁一体」宥快。

「法身智身」 宇宙全般に存在する真理を仏身とみる法身と、それに対する主体としての智身。「人法不二の義」宥快。

「常楽我浄」 仏教の基本的な教説とされる無常・苦・無我・汚の四形相に対して否定する逆の思想。

「一如不動」 対立する存在は二にして一であるという真理（一如）は、いかなる場合でも転変することがない（不動）。生・住・異・滅の四行相に対する反対の見解。

「十自在」『六十華厳経』（【大正】九・六四七）に、寿・心・荘厳・業・受生・解脱・

願・神力・法・智の十自在を説く。その他にも各種の十自在が説かれる。

「本住体性」　地獄から天に至るまでの十界に住するものが、法界の体性つまり真理の世界に住していること。

「超過観待」　染着迷悟などの観待の法（対立概念を含む原理）を超越して、阿字の本拠に戻り、中道不可得の実義にかなうこと。

「三界」　欲界・色界・無色界と三種に分けられた現実世界。

「六道」　地獄・餓鬼・畜生・修羅・人・天の六種の道。迷える者が輪廻の世界でさまよう行程。

「一如の理に迷い」　「一如の理」について諸学匠は様々な意見を述べる。宥快【略鈔】（一六四上）は、『釈摩訶衍論』に説く三門の中、不二門・一如門の両様の解釈があることを記す。【頼瑜】（七四四下―七四五上）は、「一如の義は顕家の一理法性の義には非ず、密乗の多法界の理々なり」と而二門を主張する。【曇寂】（二八五下）は、「根本不覚なり、起信論に云う不覚の義とは実の如く真如の法は一なりと知らざる故に」と説く。【小田】（三六七）は「如々不可得の理、即ち本不生の理をいう」と別個の釈を示す。

【那須】（八四）は「不二一体の真理。（中略）一切万物が対立することなく個々それぞれが無限絶対である曼荼羅法界」と理解している。

真言宗の伝統教学内での各種の議論はいずれにしても、真理への道程における迷いであることは間違いない。ただし近代の現代語訳において、【栂尾】（二九三）の「一如《とこしえ》の理《ことわり》に迷って」、【小野塚】（三一三）の「さとりの真理に迷い」、【福田】（七四）の「真実なるものに迷い」、【高木・ドライト】（一四七）の「confused about the truth of the single suchness」は直訳過ぎて、さとりが迷いの元となるとの誤解を生みやすい現代語の表現である。この点、「唯一の悟りの境地を見失い」（【加藤】一一三）、「唯一なる真理を見出せずにさ迷い」（【松本】二九）、「真理を求めて迷い」（【宮坂】一五六）、「さとりの真理に気づくことなく」（【頼富】三三三、【北尾】二四六）等の表現が妥当であろう。

（5）旋陀羅尼門《せんだらにもん》における各文字の意味

【要旨】

サンスクリット語では、単語の最初の一字、時には中間の一文字で、その単語の全体の意味を象徴的に示すという考えがある。そのためサンスクリット語のアルファベット文字の中の一字を観法することによって、その字が象徴する内容のすべてを受け取ることが出来る。この構造を利用して、サンスクリット文字を輪のように連結させ、それらを順にあるいは逆に観想して、全体の内容を把握する観法を旋陀羅尼という。

ここでは、サンスクリット語のアルファベット三十四文字の中、先頭にある母音のa字をまず取り上げ、続いて子音の中、鼻音に当たるṅa字、ña字、ṇa字、na字、ma字の五字を除いた二十八字を順に旋転させ、合わせて二十九字の観法を通じて、それぞれの文字に関連する単語の持つ意味を取り出し、汙字の持つ意味を説く。

二十九文字の観想は『大日経』の具縁品第二（【大正】一八・一〇中）と、注釈書である『大日経疏』（【大正】三九・六五一下以下）を典拠とする。

二十九文字と対応すると思われるサンスクリット語の同定は難しいものもあり、【栂尾】、【那須】、【頼富】、【松本】、【紀要別・吽】の川崎の説を参考にしたが、一々注記せず、著者の判断によって選んだ。

サンスクリット語は言語の性格から、アルファベット字は特殊な操作を加えない限り、各子音に母音のa音を含む。このa音はサンスクリット語では、否定辞でもあるから、それを生かして、汙字の意味もそれぞれ「無」とか「不」を付して漢訳される。ところが密教ではそれらを単なる否定の意味に終わらせないで、それが認識不可能の根底に潜む肯定ともいうべき大日如来の覚りの世界を表す方向へと導く。

このような意味を含めて最後に、アルファベットの最後のha字の表す因（hetu）から因不可得、つまり根源が認識不可能なる大日如来の覚りの境地である汙字の本来の意味に到るという結論を付している。

【現代表現】

また次に陀羅尼の文字の輪を順に観想して、それぞれの文字の持っている意味を求め、あわせて汙字の本来の意味の理解に及ぶ。

存在するあらゆるものは、本来的に生とか滅とかを離れているという意味を表わす本不生（ādyanutpāda）という語の先頭の文字のa字の意味を含め持っている。ということは、汙字によって象徴される教えも損じたり、減したりすることが不可得、つまり認識することが不可能という否定的な解釈だけではなく、本不生であり根源的な存在である大日如来の表れという積極的な意味を併せ持つ。

あらゆるものは作業（kārya）を離れているという意味を持つ ka 字をもって表すものに他ならない。だから汙字の教えも損減無しという意味を持っている。

あらゆるものは本来的に定まった形を持たない、虚空（kha）のような存在で、kha 字の示すところである。だから汙字の教えも虚空のように定まった形を持たない損減がないという意味を表している。

あらゆるものは去と来のような行くこと（gati）を超越している無行の境地を明かす ga 字の示すところで、これも汙字の損減のない行くことの無い境地を表している。

あらゆるものは一に集合していること（ghana）を超えた gha 字の示すところで、これも汙字の損減のない集合を超えた境地を表している。

あらゆるものは遷変（cyuti）を超越した ca 字の示すところで、これも汙字の損減のない遷変をなくした境地を表している。

あらゆるものは影像（chāyā）を超越した cha 字の示すところで、これも汙字の損減をなくした影像を離れた境地を表している。

あらゆるものは生（jāti）を超越したja字の示すところで、これも汙字の損減のない無生の境地を表している。

あらゆるものは戦敵（jhalla）を超越したjha字の示すところで、これも汙字の損減のない無戦敵の境地を表している。

あらゆるものは驕慢（ṭanka）を超越したṭa字の示すところで、これも汙字の損減のない無慢の心の境地を表している。

あらゆるものは長養（viṭhapana）のないṭha字の示すところで、これも汙字の損減のない手塩をかけることのない境地を表している。

あらゆるものは怨対（ḍamara）のないḍa字の示すところで、これも汙字の損減のない恨みをもって対することのない境地を示している。

あらゆるものは執着（ḍhāṅga）のないḍha字の示すところで、これも汙字の損減のない執着をもって対することのない境地を示している。

あらゆるものは如如（tathatā）であり、認識できないta字の示すところで、これも汙字の損減のないありのままの境地を示している。

あらゆるものは住処（sthāna）を認識することが不可能であり、これは tha 字の示すところで、これも汙字の損減のない無住所の境地を示している。

あらゆる存在は施（dāna）を認識することが不可能であり、これは da 字の示すところで、これも汙字の損減のない施にこだわらない境地を示している。

あらゆる存在は法界（dharmadhātu）を認識することが不可能であり、これは dha 字の示すところで、これも汙字の損減のない真理の世界を示し、真理に対する捉われを超えた境地を示している。

あらゆる存在は第一義諦（paramārtha）を認識することが不可能であり、これは pa 字の示すところで、これも汙字の損減のない真理の世界を示し、真理に対する捉われを超えた境地を示している。

あらゆる存在は聚泡（phena）のように固くないものを認識することが不可能であり、これは pha 字の示すところで、泡のように実体のないものに対する執着を離れる汙字の損減のない境地を示している。

あらゆる存在は縛（bandha）を認識することが不可能であり、これは ba 字の示すところで、法数に縛られるこだわりを離れる汙字の損減のない境地を示している。

あらゆる存在は有（bhava）を認識することが不可能であり、これは bha 字の示すところで、有に対する執着を捨てる汙字の損減のない境地を示している。

あらゆる存在は教えの乗物（yāna）を認識することが不可能であり、これは ya 字の示すところで、教えの乗り物に依存しない汙字の損減のない境地を示している。

あらゆる存在は塵垢（rajas）を認識することが不可能であり、これは ra 字の示すところで、塵垢のような煩悩を否定する汙字の損減のない境地を示している。

あらゆる存在は教えの相（lakṣaṇa）を認識することが不可能であり、これは la 字の示すところで、姿形による判断を否定する汙字の損減のない境地を示している。

あらゆる存在は言説（vāc）を認識することが不可能であり、これは va 字の示すところで、言説表現を超える汙字の損減のない境地を示している。

あらゆる存在は本性が寂静（śānti）であり、これは śa 字の示すところで、寂静を覚りの境地として理想化することを超える汙字の損減のない境地を示している。

あらゆる存在は性鈍（jaḍa）であり、これはṣa字の示すところで、性鈍を否定する考えを超える汙字の損減のない境地を示している。

あらゆる存在は法の諦（satya）を認識することが不可能であり、これはsa字の示すところで、真理から離れることを否定する汙字の損減のない境地を示している。

あらゆる存在は因（hetu）があることを認識することが不可能であり、これはha字の示すところで、原因を否定する汙字の損減のない境地を示している。

そのha字をもって表す因を認識することが不可能ということが、a字で表す本不生（ādyanutpāda）の境地である。本来的に生と滅とを離れているとは、増すこともなければ、減ずることもない。増すことも減ずることもない境地とは、究極の覚りの安らかな憩いの場である。究極の覚りの安らかな憩いの場は如来の覚りの身体そのものでもある。

以上のことを汙字の本来の意味と名づける。

【読み下し文】

復次に旋陀羅尼門《せんだらにもん》に約して釈せ者《ば》、一切諸法本不生《ほんぷしょう》の故に、汙字門も無損減《むそんげん》なり。諸法離作業《りさごう》の故に、汙字門も亦無損減なり。諸法等虚空《とうこくう》無相の故に、汙字門も亦復等虚空無損減なり。諸法無行の故に、汙字門も亦復無行なり。諸法無一合相《むいちごうそう》の故に、汙字門も亦復無一合相なり。諸法離遷変《りせんぺん》の故に、汙字門も亦離遷変なり。諸法無影像《むようぞう》の故に、汙字門も亦無影像なり。諸法無生の故に、汙字門も亦復無生なり。諸法無戦敵《むせんじゃく》の故に、汙字門も亦無戦敵なり。諸法無慢《むまん》の故に、汙字門も亦無憍慢《むきょうまん》なり。諸法無長養《むじょうよう》の故に、汙字門も亦無長養なり。諸法無怨対《むおんだい》の故に、汙字門も亦無怨対なり。諸法無執着の故に、汙字門も亦無執着なり。諸法如如《にょにょ》不可得の故に、汙字門も如如不可得なり。諸法住処不可得の故に、汙字門も亦無住処なり。諸法施不可得の故に、汙字門も亦無捨施《しゃせ》なり。諸法法界不可得の故に、汙字門も亦無法界なり。諸法第一義不可得の故に、汙字門も亦無《む》勝義《しょうぎ》なり。諸法不堅如聚沫《ふけんにょじゅうまつ》の故に、汙字門も亦無聚沫《むじゅうまつ》なり。諸法縛《ばく》不可得の故に、汙字門も亦無縛脱《むばくだつ》なり。諸法有《う》不可得の故に、汙字門も亦復無有《むう》なり。諸法乗不可得の故に、汙字門も亦復無乗なり。諸法塵垢《じんく》不可得の故に、汙字門も亦無塵垢なり。諸法相不可得の故に、汙字門も亦復無相なり。諸法離言説の故に、汙字門も亦無言説なり。諸法本寂の故に、汙字門も本来寂静なり。諸法性鈍《しょうどん》の故に、汙字門も亦復性鈍なり。諸法諦不可得の故に、汙字門も諦不可得なり。諸法因不可得の故に、汙字門も因不可得なり。因不可得は則ち本初《ほんじょ》不生なり。本初不生は則ち不増不減なり。不増不減は則ち大般《だいはつ》涅槃《ねはん》の果海なり。大般涅槃の果海は則ち如来法身なり。是れを汙字の実義と名づく。

【原漢文】

復次ニ約二シテ旋陀羅尼門一ニ釈セハ者、一切諸法本不生ノ故ニ、汙字門モ無損減ナリ。諸法離作業ノ故ニ、汙字門モ亦無損減ナリ。諸法等虚空無相ノ故ニ、汙字門モ亦復等虚空無損減ナリ。諸法無行ノ故ニ、汙字門モ亦復無行ナリ。諸法無一合相ノ故ニ、汙字門モ亦復無一合相ナリ。諸法離遷変ノ故ニ、汙字門モ亦離遷変ナリ。諸法無影像ノ故ニ、汙字門モ亦無影像ナリ。諸法無生ノ故ニ、汙字門モ亦復無生ナリ。諸法無戦敵ノ故ニ、汙字門モ亦無戦敵ナリ。諸法無慢ノ故ニ、汙字門モ亦無憍慢ナリ。諸法無長養ノ故ニ、汙字門モ亦無長養ナリ。諸法無怨対ノ故ニ、汙字門モ亦無怨対ナリ。諸法無執着ノ故ニ、汙字門モ亦無執着ナリ。諸法如如不可得ノ故ニ、汙字門モ如如不可得ナリ。

諸法住処不可得ノ故ニ、汙字門モ亦無住処ナリ。諸法施不可得ノ故ニ、汙字門モ亦無捨施ナリ。諸法法界不可得ノ故ニ、汙字門モ亦無法界ナリ。諸法第一義不可得ノ故ニ、汙字門モ亦無勝義ナリ。諸法不堅如聚沫ノ故ニ、汙字門モ亦無聚沫ナリ。諸法縛不可得ノ故ニ、汙字門モ亦無縛脱ナリ。諸法有不可得ノ故ニ、汙字門モ亦復無有ナリ。諸法乗不可得ノ故ニ、汙字門モ亦復無乗ナリ。諸法塵垢不可得ノ故ニ、汙字門モ亦無塵垢ナリ。諸法相不可得ノ故ニ、汙字門モ亦復無相ナリ。諸法離言説ノ故ニ、汙字門モ亦無言説ナリ。諸法本寂ノ故ニ、汙字門モ本来寂静ナリ。諸法性鈍ノ故ニ、汙字門モ亦復性鈍ナリ。諸法諦不可得ノ故ニ、汙字門モ諦不可得ナリ。諸法因不可得ノ故ニ、汙字門モ因不可得ナリ。因不可得ハ則チ本初不生ナリ。本初不生ハ則チ不増不減ナリ。不増不減ハ則チ大般涅槃ノ果海ナリ。大般涅槃ノ果海ハ則チ如来法身ナリ。是ヲ名ク二汙字ノ実義ト一。

【用語釈】

「旋陀羅尼門」　陀羅尼の各文字を輪の形にしてつなぎ、各文字の意味を順に観じ、あるいは逆に観じて、その意味を身に感じ取ること。旋は旋転の意味。

ここで挙げた二十九字と関連するサンスクリット語について、『大日経疏』を始め、多くの学匠が、それらに該当するサンスクリット語の単語を取り挙げているが、必ずしもそれらがすべて一致しているとは限らない。

「本不生」　本初（ādi）より不生（anutpāda）、本来的に生とか滅を離れた存在をいう。サンスクリット語では、a字より始まるところから、a字が本来この意味を持つと考えられている。

「戦敵」　この語に相当するサンスクリット語を、【那須】（九二）は「jhagaṛā」を、【松本】（五九）は「jhalla」を、【栂尾】（二九五）は「jha-māsa」ないし「jha-mala」を挙げている。

「性鈍」　が、『大日経疏』には欠けている。Buddhaguhyaの注に依った【栂尾】（二九七）はjadaにṣa字を当てている。jaとṣaは音が似ていて、ṣa字のサンスクリット語彙が少ないため替え字として用いたか？【松本】（六〇）はvisannataを当てる。

ロ　韻文による説明

【要旨】

前段は汙字の字相損減の意味を汙字の不損減の字義と対照して、現実世界の情景として散文でもって説いてきたが、この段は汙字の字相損減の意味と不損減の字義を対照し、仏の世界の情景を韻文（頌）でもって説く。ただしこの韻文は正式の韻を含んでいない。またこの段には十住心の名称が含まれているが、内容の上ではまだ未整理といってよい。

以下の頌では、初めに凡夫・外道、二乗、法相、三論、天台・華厳および全体的な通仏教、それぞれの代表的な教説を要約して述べ、後半にそれらに対する密教からの見解を示す。このような形式からみても、本書の撰述時点では、『十住心論』、『秘蔵宝鑰』に見られるような段階的な批判がまだ成り立っていたとはいえない。

（1）凡夫・外道に対する見解

【現代表現】

現世でいま受ける過去世の報い
生まれては消え消えては生まれ
輪廻繰り返す身体は実体が無く
この世で生きる齢や姿に差あり
九百回もの生と死とを繰り返し
阿頼耶《あらや》識の大海は寂静とはいえ
ほんのわずかな無常の風により
真実の根底に到達すればなぜに
汙字の損減のない本来の意味を
日月星辰は常に虚空に掛かるが
愚者たち気づかず空を仰ぎ見て

六道を経めぐり味わう身の痛み
刹那ごとに留まる処どこも無い
すべては幻や影に似てはかない
因縁によって生じたもろもろは
焔や奔流に似て留まるを知らず
七つの妄識により波が立ち騒ぐ
もの毀され傷つけられるけれど
心を煩わせ憂うることあろうか
以上のようによく心得てほしい
雲霧煙塵などがそれを覆い隠す
日月なんぞあるかと言いはやす

常在なされる仏の三種のお体も　同じようにそれとよく似ている
無始から常に心に居ますけれど　妄想とか煩悩がそれを覆い尽す
現実は箱に納められた鏡と同じ　真理は磨かれない宝珠に似てる
愚か者たちはこれを見て自らに　具わる仏性など存在せぬという
このような馬鹿者の全否定説を　損とか滅と言わずにおれようか
とはいえ彼の体はもともと仏身　損とか滅との判断を超えている
汙字の損減のない本来の意味を　以上のようによく心得てほしい

【読み下し文】

三界の業報《ごっぽう》　六道の苦身　即生即滅にして　念念不住なり
体も無く実も無く　幻《げん》の如く影《よう》の如し
分段変易《へんにゃく》　因縁《いんねん》生《じょう》の法は　九百の生滅して　焔《えん》の如く流《る》の如し
蔵海《ぞうかい》は常住なれど　七波推転《しっぱすいてん》す
爾許《そこば》くの無常　能く毀《き》し能く損《そん》ずれども　此の本有《ほんぬ》に於いては　何ぞ労し何ぞ憂《うれ》

えん
汙字の実義も　是の如く知るべし
日月星辰《にちがつしょうしん》は　本より虚空に住すれども　雲霧蔽虧《へいき》し　烟塵映覆《えんじんえいふ》す
愚者は之を観て　日月無しと謂《おも》えり　本有《ほんぬ》の三身《さんじん》も　亦復是の如し
無始より以来《このかた》　本より心空に住すれども　覆うに妄想《もうぞう》を以てし　纏《まと》うに煩悩を以てす
事《じ》は筐鏡《きょうきょう》に均しく　理は礦珠《こうしゅ》に同じ　妄者は之を視て　本覚無しと謂《おも》えり
愚盲《ぐもう》の撥無《はつむ》　損に非ずして何《いか》ん　彼の本身《ほんじん》に於いては　損減不得なり
汙字の実義も　応に是の如く知るべし

【原漢文】

三界ノ業報　六道ノ苦身　即生即滅ニシテ　念念不住ナリ
無クレ体モ無クレ実モ　如クレ幻ノ如シレ影ノ
分段変易　因縁生ノ法ハ　九百ノ生滅　如クレ焔ノ如シレ流ノ

蔵海ハ常住ナレト　七波推転ス
爾許クノ無常　能ク毀シ能ク損スレトモ　於テハ二此ノ本有ニ一　何ソ労シ何ソ
憂ヘン
汙字ノ実義モ　応シ二如クレ是ノ知ル一
日月星辰ハ　本ヨリ住スレトモ二虚空ニ一　雲霧蔽虧シ　烟塵映覆ス
愚者ハ視テレ之ヲ　謂ヘリレ無シト二日月一　本有ノ三身モ　亦復如シレ是ノ
無始ヨリ以来タ　本ヨリ住スレトモ二心空ニ一　覆フニ以テシ二妄想ヲ一　纏フニ以テス二
煩悩ヲ一
事ハ均ク二篋鏡ニ一　理ハ同シ二礦珠ニ一　妄者ハ視テレ之ヲ　謂ヘリレ無シト二本覚一
愚盲ノ撥無　非シテレ損ニ而何ン　於テハ二彼ノ本身ニ一　損減不得ナリ
汙字ノ実義モ　応シ二如クレ是ノ知ル一

【用語釈】

「分段変易」『勝鬘経《しょうまんぎょう》』一乗章に説かれる分段と不思議変易の二種の死。三界内の色形に差別があり、寿命に長短があるような分段がある。一方、変易は三界以外の微細な身で自在に身命を変えることが出来る。

「九百の生滅」『仁王経』如来品（【大正】八・八三五下）に、一念の中に九百の刹那があり、一刹那に九百の生滅があると説く。

「蔵海は常住なれど七波推転す」 唯識の教学では、蔵海は阿頼耶識《あらやしき》、あらゆる存在の種子を蔵し蓄える識で、第八識とされる。阿頼耶識は常住、平穏であるが、前七識は妄薫《もうくん》習《じゅう》によって立ち騒ぐ。

「撥無」 他の意見を全面的に否認して受け入れないこと。

（2）二乗に対する見解

【現代表現】

声聞・縁覚となるに決定している者は　身心の滅を他愛もなく覚りと思い
身を焼き灰とし心を消し安らぎを願う　それはかの大虚空の静けさに似る
いたずらに瞑想三昧の酒に酔いしれて　覚ることもまた醒めることもない

二乗に留まるか覚りへの望みを残すか　定めに軽い重いの差はあるけれど
覚りを目指し空しく年数だけが経って　これ以上どれほど損あるだろうか
もともと己が具え持つ仏の三つの身は　どんな事態でも変わることはない
だが宇宙に満ちた仏が眠る者を覚まし　真理への道をお示しになるならば
二乗の者でも夢の幻覚から目を覚まし　仏のいます宝のありかに歩を進む
草木でさえ仏に成ることが出来るのに　まして人が仏に成らぬはずがない
やたらに誤った道に固執する者たちは　損を被ること思いの外少なくない
汙字の示す損減無しとの本当の意味を　以上のようだと心得ておくがよい

【読み下し文】
決定《けつじょう》二乗は　妄《みだ》りに滅想《めっそう》を生じ　身智《しんち》を焼滅して　彼の大虚《たいきょ》に同じ
昧酒《まいしゅ》に沈酔して　覚らず醒めず　決定《けつじょう》と不定《ふじょう》と　軽重差《きょうじゅうしゃ》有れど
空しく劫数《こっしゅ》を歴《ふ》　損此れに過ぎたるは無し
本有《ほんぬ》の三身《さんじん》は　儼然として動ぜず　遍空の諸仏　驚覚し開示したまえば

乃《すなわ》ち化城《けじょう》より起《た》って　宝所《ほうしょ》に廻趣《えしゅ》す　草木也成《またじょう》ず　何《いか》に況や有情《うじょう》をや
妄りに不了《ふりょう》を執《しっ》すれば　損を為すこと是れ多し　汙字の実義も　当に是の如く知るべし

【原漢文】

決定二乗ハ　妄リニ生シ二滅想ヲ一　焼二滅シテ身智ヲ一　同シ二彼ノ大虚ニ一
沈二酔シテ味酒ニ一　不レ覚ラ不レ醒メ　決定ト不定ト　軽重有レト差
空ク歴二劫数ヲ一　損無レシ過レタルハ此ニ
本有ノ三身ハ　儼然トシテ不レ動セ　遍空ノ諸仏　驚覚シ開示シタマヘハ
乃チ起ツテ二化城ヨリ一　廻二趣ス宝所ニ一　草木也《マタ》成ス　何ニ況ヤ有情ヲヤ
妄リニ執スレハ二不了ヲ一　為レスコト損ヲ是レ多シ　汙字ノ実義モ　当ニ二如レク是ノ知ル一

【用語釈】

「決定二乗」　声聞・縁覚の二乗であることが生まれつき定まっている人々。

「身智を焼滅し」　灰身滅智《けしんめっち》という。部派仏教（二乗）では身も心も焼き尽して灰になり涅槃に入ることを理想と考えた。

「昧酒に沈酔し」　三昧の酒、二乗がいたずらに瞑想三昧にふけることを、深酒に譬える。

「決定と不定」　仏に成ることの決定している者と、決定していない者。

「本有の三身」　本来的に所有する法・報・応の三種の仏身。

「化城」　幻の城、現世の喩え。

「有情」　ここでは草木に対する有情であるから、人間をさす。

（3）法相に対する見解

【現代表現】

限りないほど歳月かけ積んだ修行の　報いで得ることの出来た仏の身は
あらゆる功徳によりその身が飾られ　仏の円かな四種の智慧を具えいる
だがその状態が引き継がれはするが　そのままに固定されるものでない
生まれ来たものは必ず滅し去ること　仏の定めにはっきり記されている

法相の教えは仮ものの鈍い剣に似て　覚りに向かう心を妨げ害毒を流す
だが生まれつき持つ身口意の三密は　天高くかかる日光によく似ている
本来常住の大日如来の四種の智慧は　埋めても輝き失わぬ金に喩えらる
どれほど強い暴風雨が吹き荒れても　鋭い鍬を使い掘り返されようとも
誰がこの如来の智慧を生み出したり　誰がそれを造り出したり出来よう
汙字が示す損減なしの本来の意味を　以上のように心得てほしいものだ

【読み下し文】

正因《しょういん》の所生《しょじょう》　報果の色身《しきしん》は　万徳荘厳《まんどくしょうごん》し　四智円満すれども
但し相続のみ有って　是れ凝然《ぎょうねん》に非ず　生ずる者は必ず滅す　一向記《いっこうき》の故に
此れは是れ権剣《ごんけん》として　能く殺し能く害す
本有の三密は　日の天に麗しきが如し　如空《にょくう》の四智は　金を地に埋《うず》むるに似《に》たり
猛風の因　利钁《りかく》の縁　誰か能く之れを生じ　誰か能く之れを造せん
汙字の実義　当に是の如く知るべし

【原漢文】

正因ノ所生　報果ノ色身ハ　万徳荘厳シ　四智円満スレトモ
但シ有テ二相続ノミ一　非ス二是レ凝然ニ一　生スル者ハ必ス滅ス　一向記ノ故ニ
此レハ是レ権剣トシテ　能ク殺シ能ク害ス
本有ノ三密ハ　如シ二日ノ麗シキカ一レ天ニ　如空ノ四智ハ　似タリ二金ヲ埋ムルニ一レ
地ニ
猛風之因　利钁之縁　誰カ能ク生シレ之ヲ　誰カ能ク造センレ之ヲ
汙字ノ実義　当ニ二如クレ是ノ知ル一

【用語釈】

「正因の所生」　無数劫の修習によって積んだ功徳から生まれた結果（宥快【略鈔】一七八下）。無漏の種子から生ずる四智心品（【小田】四〇六）。

「報果の色身」　自受用身で十法界に遍満し、四智円明法楽を受く（宥快【略鈔】一七八下）。

「四智」　大円鏡智、平等性智、妙観察智、成所作智。大乗仏教でいう仏の持つ通常の四種の智慧。

「凝然」　固まる状態。

「一向記」　明瞭で疑いの余地のないこと。

「権剣」　権教、仮の教えを譬える剣。

「如空の四智」　前述の四智円満の智に対して、如来の実智（宥快【略鈔】一七九下）。先の「本有の三密」を胎蔵法、この「如空の四智」を金剛界に配する見解（【小田】四一六）も提出されているが、そこまで読み込む必要性は乏しいように思われる。

「利钁」　鋭利な鍬。

（4）三論に対する見解

【現代表現】

世の中の真実なるものすべて　我が心に常に存在している

およそ心を持つ者はのこらず　この理《ことわり》に背くものはない
日常の心と対境は一体であり　真理は心の外に存在しない
三論宗は心と対境は異ならず　潤いと水は別でないという
仏性は誰でも持つとは説くが　心狭く否定の面に固執する
幼児を玩具で誘う手段もある　だが彼らはそれも知らない
三論宗はまやかしの戟《げき》を揮い　誰もが持つ真の仏を破壊す
これらの言行を損減と名づく
常に遍く存在する本来の仏は　損なわれもせず欠けもない
これが汙字本来の意味である　そのように理解してほしい

【読み下し文】

真如法性《しんにょほっしょう》は　心《しん》の実常なり　凡《およ》そ心有る者　誰か此の理無からん
心智は即ち理なり　心外《しんげ》の理には非ず　心と理は是れ一なり　湿と鑑《かん》と豈《あに》別ならんや

如性等しく遍ずれども　心行狭劣《きょうれつ》なり　権《かり》に嬰児《こし》を誘らうに　迷者は知らず
此の権戟《ごんけき》を揮って　彼の真仏を破す　是れを損減と名づく
常遍の本仏は　損ぜず虧《き》せず　汙字の実義なり　汝ら応に知るべし

【原漢文】

真如法性ハ　心之実常ナリ　凡ソ有レル心者　誰カ無ラン二此ノ理一
心智ハ即チ理ナリ　非ス二心外ノ理一ニハ　心ト理ハ是レ一ナリ　湿ト鑒ト豈ニ別ナランヤ
如性等ク遍スレトモ　心行狭劣ナリ　権リニ誘ウ二嬰児一ヲ　迷者ハ不レ知ラ
揮ツテ二此ノ権戟《ケキ》一ヲ　破ス二彼ノ真仏一ヲ　是ヲ名ク二損減一ト
常遍ノ本仏ハ　不レ損セ不レ虧セ　汙字ノ実義ナリ　汝等応レニ知ル

【用語釈】

「真如法性」　真如（tathatā）法性（dharmatā）ともに真理を表す。「真如法性とは真如の理性で、衆生が本来有するところの干栗駄《かりだ》真実心をさす。この本具の真如の理性は常住であるから心の実情という。実常は真実常住の義である」(【小田】四一七)。

「心智は即ち理」　この「心と智」は通常の解釈とは異なるようである。【頼瑜】(八四下—八五上)、宥快【略鈔】(一八〇上)は境と智に当てはめる。【周海】(四〇二上下)は「三論宗には心境不二を明かす故に、心智則理と云う。法相には唯識の外に於いて凝然真如の不生の理を談ず。是れ境智各別の見なるが故に」とその理由を明らかにする。【小田】(四〇七)は「心は質多(citta)心で、この心に観照の用があるから心智という」と解説する。この箇所の「心智」は衆生つまり主体に相当し、下の「理」すなわち客体(境)と対となるとみてよい。また【栂尾】(三〇五)は「心の智《さとり》」と現代語訳しているが、【頼富】(三四九)、【北尾】(二六五)も「心の智慧」とそれに従う。このように「心智」を依主釈と見るのは、三論の教義から見て疑問が残る。持業釈と解すべきであろう。【加藤】(一二二)はこの「智」を仏性と見做しているが典拠は不明。

「湿と鑒」　湿は潤す、鑒はものを映す物の喩え。「十住心論第八並びに宝鑰下に云う。寂にして能く照らし照にして常に寂なり。澄水の能く鑒みるに似たり。瑩金の映像の如し。湿金即ち照影、照影即ち金水なり。即ち知りぬ、境即ち般若、般若即ち境なり」

（【略鈔】一八〇上）。

「如性等しく遍ずれども　心行狭劣なり」　二説あり。一は法相宗の五性各別の考えを非難する三論宗の主張と見る。二には三論宗は如性即ち本来的に持つ仏性は同じであるが、まだ即事而真の実義を知らないと解する（【小田】四〇七―四〇八）。

「権戟」　権大乗の智慧の剣戟の意で、三論宗が心行寂滅を説くことを批判する。

（5）法相・三論に対する再論

【現代表現】

水がなければ波は起こらない　空なる心中も認識対象と三論は説く
法相は草木に仏性無しという　それは波に水無しというに似ている
人に仏性あり草木に無ければ　その教えは偽物という他はなかろう
有を否定し無だけ主張すれば　三論の教えこそ損であり滅でもある
損だ滅だとの鋭い言い募りは　どのような場合も仏性を見失わせる
とはいえもともと持つ仏性は　損を被ること無く滅することも無い

【読み下し文】

水外《すいげ》に波無し　心内《しんない》即ち境なり　草木に仏無くんば　波に則ち湿《しゅう》無けん
彼に有り此れに無くんば　権《ごん》に非ずして誰《だれ》ぞ　有を遮し無を立せば　是れ損是れ
滅なり
損滅の利斧《りふ》は　常に仏性を砕く　然りと雖も本仏は　損も無く減も無し

【原漢文】

水外ニ無シレ波　心内即チ境ナリ　草木ニ無ンハレ仏　波ニ則チ無ケンレ湿
彼ニ有リ此ニ無クンハ　非スシテレ権ニ而誰ソ　遮シレ有ヲ立セハレ無ヲ　是レ損是レ
滅ナリ
損滅ノ利斧ハ　常ニ砕ク二仏性ヲ一　雖モレ然リト本仏ハ　無クレ損モ無シレ滅モ

（6）天台・華厳に対する見解

【現代表現】

天台は空仮中の三真理が融合し　華厳は十の世界が交じり合い
仏と生物と非生物の三種世間が　盧遮那仏《るしゃなぶつ》の身心であるという
しかし密教では四種の曼荼羅を　全世界を象徴する仏身とみる
汙字の本来の意味もこのように　損減ない完璧と心得てほしい

【読み下し文】

三諦円渉《さんたいえんしょう》にして　十世無㝵《むげ》なり　三種《さんじゅ》世間は　皆是れ仏体なり
四種の曼荼羅は　即ち是れ真仏なり　汙字の実義も　応に是の如く学すべし

【原漢文】

三諦円渉ニシテ　十世無㝵ナリ　三種世間ハ　皆是レ仏体ナリ

四種ノ曼荼ハ　即チ是レ真仏ナリ　汙字ノ実義モ　応ニ二如レク是ノ学一ス

【用語釈】

「三諦円渉」　天台宗が説く、空（存在するものすべてが実体のない空と否定する）、仮（実体はないけれど縁起による仮の存在を認める）と中（空と仮を超えた本体）の三種の真理が常に一体化しているとの説。

「十世無㝵」　過去、現在、未来の三世に各々三世があると見なして計九世、それらを総括する総世間を加えて十世となる。この十世間が互いに交流し一体となっている状態。

「三種世間」　智正覚世間（仏の世界）、衆生世間（生きとし生ける者の世界）、器世間（山川星辰、瓦礫などの非生物の世界）を合わせて三種の世間と『華厳経』が説く世界。

「四種の曼荼」　大・三・法・羯の四種の曼荼羅をいう。詳しくは『訳注　即身成仏義』一一〇―一二二頁参照。

（7）通仏教に対する見解

【現代表現】

声聞や縁覚は智慧が劣るため　眼耳鼻舌身意の六識しか知らない
大乗ではそれから歩を進めて　第八識と第九識を説くようになる
だが彼らはその辺に停滞して　その他に無数の識のあるを知らず
奥深い意味を理解しないから　ちっぽけなものだけで満足しきる
己に無量の心識あるを知らず　お粗末といえばこれ以上なかろう
宇宙に満つ無数の曼荼羅諸尊　これらみな我が心に宿る宝である
損滅なき汙字の本来の意味を　まさに以上のように知ってほしい

【読み下し文】

二乗は智劣なれば　為に六識を説き　大乗稍《やや》勝れたれば　乃《すなわ》ち八九《はっく》を示す
執滞《しったい》して進まず　奚《いか》んが無数《むしゅ》を知らん　密意を解せず　小を得て足んぬと為《す》

己が有なることを識らず　貧なること此れに過ぎたるは莫《な》し
塵刹《じんせつ》の海会《かいえ》は　即ち是れ我が宝なり　汙字の実義　当に是の如く学すべし

【原漢文】

二乗ハ智劣ナレハ　為ニ説キ二六識ヲ一　大乗ハ稍ヤ勝レタレハ　乃チ示ス二八九ヲ一
執滞シテ不レ進マ　奚ンカ知ラン二無数ヲ一　不レ解セ二密意ヲ一　得テレ小ヲ為レ足ヌト
不レ識ラ二己カ有ナルコトヲ一　貧ナルコト莫シレ過タルハレ此ニ
塵刹ノ海会ハ　即チ是レ我カ宝ナリ　汙字ノ実義　当ニ二如クレ是ノ学ス一

【用語釈】

「六識」　眼耳鼻舌身意の六識。日常生活上の一般的な感覚。

「八九」　六識に末那識《まなしき》と阿頼耶識《あらやしき》を加えて八識、それに阿摩羅識《あまらしき》を加えて九識。大乗仏教になると、表面的な感覚だけではなく、心の深層まで掘り下げて八ないし九識を説く。

表面的な感覚による知覚作用の根底に、自我意識が存在し、それを第七末那識という。

これら七識の根本に、第八阿頼耶識がある。阿頼耶識は一切の識を包み込んでいるため蔵識とも、真妄和合識ともいわれる。この和合識の中から真の面だけを取り出して、これを第九の阿摩羅識という。

「密意」　密教の立場から見た深い意味。

（8）一と多の世界観に対する見解

【要旨】

大乗仏教で説く、一と多、理と智、仏と衆生等々の二元性と、それらの融合した如の世界が一でありながら、また多である関係を説き、さらに真言密教の多でもあり一でもある仏の四種の法身、三密の互いに解け合った無限の世界に人を導く。

【現代表現】

現実世界も仏の世界も一でもあり　多でもあり如の如といってよい

理すなわち対象となる世界は無数　それを認識する主体の智も無辺

ガンジス河の砂粒も少ないくらい
雨足も数多いように見えるけれど
灯も四方八方に光線を拡散させる
物も心も限りがなく存在している
心の主体たる王と従たる心の働き
相互に入り混じり合い関係し合う
互いに重なり合って数えきれない
多数ではあるがそれぞれ別でない
このような関係を一如と名づける
無数ではあるがそれでも一である
如は普通の如しでなく常に同体で
このような深い意味を説かぬなら
尽きることの無い貴重な宝の蔵は
無尽の代えがたい宝を積んだ車も

塵芥の数も比べものにならない
よく見れば一本の線に過ぎない
だがその元はたった一つの光源
真実のありようも果てを知らぬ
主たる心も従たる心も尽きない
帝釈天宮の網の珠の光のように
だがそれぞれ仏の五智を具える
別体ではなくして多数でもある
一は単なる一ではない一である

同体同士でお互いに似てもいる
それは偽りの教えに他ならない
そのために中身を失ってしまう
やがてその姿を消し去り終わる

このようなことを損とか減という
それに対して真言密教の世界では　大地に含む墨汁を少しずつ垂らす
それほど多くの仏の四種の身体は　須弥山ほどの筆でも記しきれない
計り知れない数の身口意の三密が　円かに解け合い永久に変わりない
汙字の本来の意味はかくあろうか

【読み下し文】

同じく一多の如なり　多の故に如如なり　理理無数《むしゅ》なり　智智無辺なり
恒沙《ごうじゃ》も喩えに非ず　刹塵《せつじん》も猶《なお》小《すく》なし　雨足《うそく》多しと雖も　並びに是れ一水なり
灯光一《いち》に非ざれども　冥然《みょうねん》として同体なり　色心無量にして　実相無辺なり
心王《しんのう》と心数《しんじゅ》　主伴《しゅばん》無尽なり　互相《たがい》に渉入し　帝珠錠光《たいしゅじょうこう》の如し
重重にして思い難し　各々五智を具す　多にして不異なり　不異にして多なり
故に一如と名づく　一は一に非ずして一なり　無数《むしゅ》を一とす
如は如に非ずして常なり　同同相似たり　此の理を説かざるは　即ち是れ随転《ずいてん》な

り

無尽の宝蔵　之により耗竭《こうかつ》し　無量の宝車　此《ここ》に於いて消尽す　之を損滅と謂う

地墨《じもく》の四身　山毫《せんごう》の三密　本自《もとよ》り円満して　凝然《ぎょうねん》として不変なり

汙字の実義は　斯《こ》の謂《い》い歟《か》

【原漢文】

同ク一多ノ如ナリ　多ノ故ニ如如ナリ　理理無数ナリ　智智無辺ナリ

恒沙モ非スレ喩ニ　刹塵モ猶小ナシ　雨足雖レ多シト　並ニ是レ一水ナリ

灯光非レトモレ一ニ　冥然トシテ同体ナリ　色心無量ニシテ　実相無辺ナリ

心王ト心数　主伴無尽ナリ　互相ニ渉入シテ　帝珠錠光ノゴトシ

重重ニシテ難シレ思ヒ　各オノ具ス二五智一ヲ　多ニシテ而不異ナリ　不異ニシテ而多ナリ　故ニ名ク二一如一ト　一ハ非スシテレ一ニ一ナリ　無数ヲ為スレ一ト

如ハ非スシテレ如ニ常ナリ　同同相似タリ　不ルハレ説カ二此ノ理一ヲ　即チ是レ随転ナリ

無尽ノ宝蔵　因レリ之ニ耗《カウ》竭シ　無量ノ宝車　於レテ此ニ消尽ス　謂二フ
之ヲ損減一ト
地墨ノ四身　山毫ノ三密　本自《ヨ》リ円満シテ　凝然トシテ不変ナリ
汙字ノ実義ハ　斯ノ之謂《イ》ヒ歟《カ》

【用語釈】

「同一多如」　これをここでは「同じく一多の如なり」と読んだが、その外に「同一にして多如なり」という読みもある。この場合、同一とは一法界、多如とは多法界と見て、後世論議の対象となったが、煩瑣になるのでここでは問題として取り挙げない。

「恒沙」　恒河すなわちガンジス川の砂粒、数えきれない多数の喩え。

「刹塵」　刹すなわち国土、その中の塵芥ほどの多数の喩え。

「心王と心数」　心王は心の主となるもの、五仏に当てれば中央の大日如来、心数は心の従たるもの、五仏では中央の大日如来を取り囲む四仏。

「帝珠」　帝釈天宮の天井に縦横に張り巡らされた網を繋ぐ宝珠から発する光が互いに他

の珠を映し合い無限に輝くさまをいう。もとは『華厳経』の説。

「錠光」 油皿の中で点っている灯光。

「五智」 大日如来の持つ五種の智慧。内容については、拙著『訳注 即身成仏義』五四頁参照。

「無尽の宝蔵」 身口意の三密によって無尽に荘厳された宝蔵を指す。

「無量の宝車」『法華経』譬喩品（【大正】九・一二下）に説く七宝の喩え。

「地墨」『法華経』化城喩品（【大正】九・二二上）に説く。三千世界を潰して塵芥を墨とし、それを含ませた筆から千年に一度、墨滴を落とし、その墨がなくなるまでの長時間をいう。

「山毫」 山毫は須弥山を集め、潰して作った筆のこと。『華厳経』入法界品（【大正】九・六九一中）にある無尽を表す譬え。

6　麽字《まじ》の実義

（1）麽字の実義とは

【要旨】

阿・訶・汙・麽の四字の最後に当たる麽（ma）字の本来の意味を解説するにあたり、総説として最初に麽字のサンスクリット語に相当する個我（ātman）、および存在するものすべてが認識不可能であるということが、麽字の本来の意味であることを説く。

【現代表現】

第四に麽（ma）字の本来の意味について述べる。いわゆる麽字の教えとは、すべて存在するものは、表面的にはそれぞれが個我といわれるような実体を持つかに見えるが、本当のところそのような個我の実体を認識することは不可能である。このことが個我の本来の意味である。

【読み下し文】

第四に麼字の実義と者《は》、いわゆる麼字門一切諸法、吾我不可得《ごがふかとく》の故に、是れを実義と名づく。

【原漢文】

第四ニ麼字ノ実義ト者、所ルレ謂麼字門一切諸法、吾我不可得ノ故ニ、是ヲ名ク二実義ト一。

【用語釈】

「吾我」　サンスクリット語の ātman の訳、mamakāra という語を採用する説もあるが、字相の麼字の説明（本書三八頁）と統一するため採用せず、その中の ma（麼）字を主題として取り上げる。宇宙我に対し、現実世界に存在する個々のものが持つ我、個我とも訳す。

(2) 遮情《しゃじょう》の実義

【要旨】

麼字の本来の意味の個別的な解説として、先ず遮情、絶言、表徳の三つの面からその内容を説明する。

一般的な見解では、遮情とは否定の意味を持つ。仏教では自己を含めた人《にん》は、色（物質）・受（対象物を受け入れる）・想（受け入れて形を思い浮かべる）・行（それに対して心が動く）・識（対象を識別する）の五蘊（五種の集まり）によって仮に成り立っている存在であって、それらの実体はないという人無我と、自己を取り巻いている存在物すべてを指す法も同じく実体はないという法無我を説く。

それに対して密教では、我を含めて一切の存在は、頭から否定されるべきものではなく、法身である大日如来が現実世界に表れた四種の身体に他ならないと肯定的に捉える。

【現代表現】

いま述べている我に二種類ある。その一つは人《にん》（個我の存在）に関する我であり、二つ目に法（存在するもの）に関する我である。

真言密教から見れば、人《にん》に関する我とは、いわゆる自性《じしょう》、受用《じゅゆう》、変化《へんげ》、等流《とうる》の四種の法身に関する我のことである。一方、法に関する我とは、いわゆるあらゆる存在物に関する我のことである。それは法身仏の覚りの境地である唯一の絶対世界、唯一絶対の真実、唯一絶対の覚りの境地を初めとし、八万四千ともいわれる現に存在する無数のもの、どうしても数え上げることの出来ないほど数限りないものをも含める。

以上のような四種の法身の表れであるあらゆる存在物は数えきれないほどたくさんあるけれども、それぞれの本体は法身・大日如来という一つの姿、同じ特色を持つものの展開であって、それらの間にあれとこれといった区別は全くない。もともとあれこれの違いのない関係の中で、どうしてそれぞれのものに個我というような、個別的な存在があろうか。以上が否定面を表に立てた麼字の本来の意味である。

【読み下し文】

いわゆる我に二種有り。一つには人我《にんが》、二つには法我《ほうが》なり。人は謂《い》わく四種法身。法は謂わく一切諸法なり。一法界《いっぽっかい》・一真如・一菩提より、乃至八万四千、不可説不可説の微塵数《みじんじゅ》の法是れなり。

是の如くの四種法身、其の数無量なりと雖も、体は則ち一相一味にして、此れも無く彼も無し。既に彼此《ひし》無し。寧《むし》ろ吾我《ごが》有らんや。是れ則ち遮情《しゃじょう》の実義なり。

【原漢文】

所謂我有二種。一人我、二法我。人謂四種法身。法謂一切諸法。従一法界一真如一菩提、乃至八万四千、不可説不可説微塵数法是。如是四種法身、雖其数無量、而体則一相一味、無此無彼。既無彼此。寧有吾我。是則遮情実義。

【用語釈】

「四種法身」真理を仏身と見なした法身を、性格別に四種に分かつ。すなわち、
自性《じしょう》法身（真理そのもので、時間と空間を超越した絶対の仏身）、
受用《じゅゆう》法身（時空を超越した法身のある一面の徳を分割し、具体化した仏身）、
変化《へんげ》法身（具体的な人格をもって現れた仏身、たとえば釈尊とか祖師等）、
等流《とうる》法身（人間や動植物と同じ姿や形をもって現れた仏身）。
「一法界・一真如・一菩提」現代のほとんどの解説者は、この「一」を「一つの」あるいは「single」と訳すが、この一は数詞ではない。「唯一」ないし「絶対」を表す。
「遮情」否定面よりの理解。それに対する肯定面からの理解を、表徳《ひょうとく》という。

（3）絶言《ぜつごん》の実義

【現代表現】

このような境地は、修行のまだ足りていない下位の四段階に留まる修行者にとっては、ただ驚くばかりの見たことも聞いたこともない不思議な話で、想像すらしたこともなく、日常性とははるかにかけ離れた処で起こることである。有るとか、無いとか、有ってい

て無いとか、有ることでもなければ無いことでもないという四種類の判断基準でも判定できず、六神通を使っても窺い知ることが出来ない、このような境地を、言葉の範囲を超えた麼字の本来の意味という。

【読み下し文】

此の処は則ち金剛已還《いげん》の四種の行人《ぎょうにん》等希《け》なる兮《かな》、夷《い》なる兮、聾《ろう》の如く、盲《もう》の如し。絶が又の絶、遠《おん》が又の遠なり。四句も及ばず、六通《ろくつう》も亦極まる。是れを絶言の実義と名づく。

【原漢文】

此ノ処ハ則チ金剛已還ノ四種ノ行人等希ナル兮《カナ》夷ナル兮《カナ》、如レク聾ノ、如レシ盲ノ。絶カ之又ノ絶、遠カ之又ノ遠ナリ。四句モ不レ及ハ、六通モ亦極マル。是ヲ名二ク絶言之実義一ト。

【用語釈】

「金剛已還」『釈摩訶衍論』巻三（【大正】三二・六一七上）に説かれている、十信、三賢、九地、因満、果満の中、因満以前の四位をいう（【広鈔】二〇七上）。またこれら四種の行位にある行者を、法相、三論、天台、華厳に配する説も紹介されており（【頼瑜】九三下、【周海】四一三上）、【那須】（一四六）はこれに従う。しかしこの時点で空海に四ヶ大乗に配する意図があったかどうかは疑問。

「四句」　有・無・亦有亦無・非有非無の四種の判断基準。

「六神通」　神境通、天眼通、天耳通、宿命通、他心通、漏尽通。

（4）自証《じしょう》 表徳《ひょうとく》の実義

【要旨】

これまで麼字の否定的な面について述べたので、以下にはその肯定的な面、すなわち表徳面について説く。

【現代表現】

経に「麼字とは大日如来の一字の真言である」と説かれている。世間の人々は人我とか法我とかに取りつかれているけれども、それらの本当の意味を知らないでいる。ただ大日如来だけは、よくご存じで、その無我の境地にありながら、それを超越した大我を体得しておられる。この世の心の王様ともいうべき大日如来がすでにこのような境地に到達せられている。その他大勢の心の眷属たちの中で、このような大我の身を得ていないものが一人でもいるだろうか。以上が麼字の積極面を取り挙げた本来の意味である。

【読み下し文】

経に云《いわ》く。「麼字と者、大日の種子《しゅじ》なり。」一切世間は我我《がが》を計《け》すと雖も、未だ実義を証せず。唯《ただ》し大日如来のみ有《いま》して、無我の中に於いて大我を得たまえり。心王《しんのう》如来既に是の如くの地《じ》に至りたまう。塵数難思《じんじゅなんじ》の心所《しんじょ》眷属誰か此の大我の身を得ざらん。是れ則ち表徳の実義なり。

【原漢文】

経ニ云ク。麼字ト者大日之種子ナリ。一切世間ハ雖モレ計スト二我我ヲ一、而未レ証セ二実義ヲ一。唯シ有マシテ二大日如来一ノミ、於テ二無我ノ中ニ一得タマヘリ二大我ヲ一也。心王如来既ニ至リタマフ二如ノレ是ノ地ニ一。塵数難思ノ心所眷属誰カ不レン得二此ノ大我之身ヲ一。是レ則チ表徳之実義ナリ。

【用語釈】

「経に云く」　どのような経典を指すか不明。伝統的な諸学匠も、いかなる経典であるか、その同定に苦慮して、様々な意見を出している。

そもそも大日如来の種子を、ma 字とすることに疑問がもたれ、金剛智訳『金剛頂瑜伽修習毘盧遮那三摩地法』（【大正】一八・三三一上）に説かれる大日根本明「唵麼折羅駄都鋑」を典拠とし、金剛界大日真言 oṃ vajradhātu vaṃ の末尾の種子 vaṃ と同じと見る（【略鈔】一九二下—一九三上、【広鈔】二〇九上、【成雄】四九下、【覚眼】九九上、【周海】四一三下、川崎【研究所紀要・叶】一四九頁参照）。その他【曇寂】（三一一上）では、

「大日を摩伽毘盧遮那と云い、胎蔵部では初字を種子とするから、麼字は大日の種子である」との説を出す。また宥快【略鈔】（一九三上）は『如意輪菩薩観門義注秘訣』に、「摩字は法身の義なり」と説き、不空の『仁王般若陀羅尼釈』（【大正】一九・五二三下）に「摩字は一切法無我の義なり、無我に二種あり。人無我と法無我となり、瑜伽者若し二無我を証すれば則ち大普賢地を出でて毘盧遮那百福荘厳円満清浄法身を証す」とあるのを証拠と見る。

（5）妙用難思《みょうゆうなんじ》の実義

【要旨】

麼字の本来の意味として八義を挙げる中にあって、先に遮情、絶言、表徳の三義について述べたので、次いで第四の妙用難思以下の五種、これらの徳の本来の意味について簡単に述べる。

【現代表現】

『守護国界主陀羅尼経』巻九（【大正】一九・五六五下）に「麽（莽）字は是れ化身の義」と説かれているが、この中でいう「化」とはさまざまな働きや動きをするという意味である。毘盧遮那如来が覚りの内容を自ら楽しむために、色々な不思議な事象をおこされ、数限りのない仏の姿を現出し、あたり一帯を仏の立派な国土に変えてしまわれる。このようなことを、仏の想像を超えたすばらしいお働きについての本来の意味と名づける。

【読み下し文】

経に云《いわ》く。是の麽字化身の義と者《は》、いわゆる化と者、化用化作《けゆうけさ》の義、遮那如来自受用《しゃなにょらいじじゅゆう》の故に、種種の神変《じんぺん》を化作して無量の身雲《しんうん》を現《げん》じ、無辺の妙土を興《おこ》す義なり。是れを妙用難思の実義と名づく。

【原漢文】

経ニ云ク。是ノ麽字化身ノ義ト者、所ルレ謂化ト者、化用化作ノ義、遮那如来自受用ノ故ニ、化二作シテ種種ノ神変一ヲ現二シ無量ノ身雲一ヲ、興二ス無辺ノ妙土一ヲ義ナリ。是ヲ名ク二妙用難思之実義一ト。

【用語釈】

「化身」 ここでいう化身とは、法身、報身、変化身の中の化身の意味ではない。法身である大日如来の通常の人々の想像をはるかに超えた不思議な活動をなされる身体をいう。

「遮那如来」 毘盧遮那如来《びるしゃなにょらい》の略称。出典が『守護国界主陀羅尼経《しゅごこっかいしゅだらにきょう》』で、純密経典ではないので、直ちに大日如来に同定するには問題があろうが、次の自受用の働きは、法身としての大日如来の作業に他ならないので、大日如来と見做してよい。

「自受用」 法身に自性、受用、変化、等流の四種の身体が考えられている。このうち受用身は自らの楽しみのために自身に対して説法する自受用身と、他のために説法する他受用に分かれる。

（6） 平等摂持の実義

【要旨】

麼字の八義の中の第五の平等について叙述する。

【現代表現】

また『大日経』具縁品に説く「麼字は三昧耶（samaya）で、自在にという意味である」と、『大日経疏』にいう「遍満しない処はないという意味である」を合わせた内容である。三昧耶とは、漢語に訳して等持という。等とは平等、持とはまとめて持つという意味である。法身仏の身と口と意の三密は極小の塵芥の中に入ってもさして狭いわけではなく、虚空に入れてもそれほど広いということはない。瓦礫という非生物や草木などの植物をえり好みするわけでもない。人間や化け物の類に至るまで、どこにでも入り込み、どのようなものでも持ち支え、包み込んでしまう。それゆえに等持とも名づける。以上が平等に関する本来の意味である。

【読み下し文】

又云わく。此の麼字と者、三昧耶、自在の義なり。#無所不遍の義なり。三昧耶と言う者、唐には等持《とうじ》と言う。等と者、平等、持と者、摂持《しょうじ》、法身の三密は繊芥《せんがい》に入れども迮《せば》まらず、大虚《たいきょ》に亘《わた》れども寛《ひろ》からず、瓦石草木《がしゃくそうもく》を簡《えら》ばず、人天《にんでん》鬼畜を択《きら》わず、何《いず》れの処にか遍ぜざる、何物をか摂《せっ》せざらん。故に等持と名づく。是れを平等の実義と名づく。

＃【弘全】（一・五四六）、【定弘】（三・六五）［無所不遍の義者］となっているが、「者」は衍字。

【原漢文】

又云ク。此ノ麼字ト者、三昧耶自在ノ義ナリ。無所不遍ノ義ナリ者。言フ二三昧耶ト一者、唐ニハ言フ二等持ト一。等ト者、平等、持ト者、摂持、法身ノ三密ハ入レトモ二繊芥ニ一而不レ迮ラ、亘レトモ二大虚ニ一而不レ寛カラ、不レ簡《エラ》ハ二瓦石草木ヲ一、不レ択《キラ》ハ二人天鬼畜ヲ一、何レノ処ニカ不レ遍セ、何物ヲカ不レ摂セ。故ニ名ク二等持ト一。是ヲ名ク二平等之実義ト一。

【用語釈】

『大日経』具縁品（【大正】一八・一〇中）に「麼は一切三昧に於いて自在にして速く能く諸事を成弁し、為すところの義利皆悉く成就す」とあり、『大日経疏』巻第十三（【大正】三九・七一五中）に「麼字を心（真言）と為す。是れ我の義なり、また是れ五空点字即ち是れ遍一切処の義なり」を合わせ釈した文（【栂尾】三一四頁・注④による）。

（7）円満妙徳の実義

【現代表現】

また『大日経疏』を参照して、麼（ma）字に空点をつければ、瞞（maṃ）となる。これは妙徳菩薩すなわち文殊師利菩薩の一字の真言であって、円満してすべての徳を具えているという意味がある。文殊童身といわれるは、涅槃の四徳すなわち常・楽・我・浄の中の第三番目に当たる我波羅蜜の徳を具えておられるからである。文殊菩薩の智慧はきわめて妙なるもので、その徳は円満無欠で、このように智慧と福徳との二つの美点が完璧に具わり、説法のすばらしさを称賛する四点をすべて具えておられる。以上が文殊菩薩の円満の徳についての本来の意味である。

【読み下し文】

又云わく。麼字転声《てんじょう》して瞞《まん》と名づく。即ち是れ妙徳の一字の真言、是れ円満具足の義なり。文殊童身と言う者、四徳の中の我波羅蜜なり。智として妙《たえ》にあらざること無く、徳として円《まどか》にあらざること無し。二美《にみ》具足し、四辯澄湛《しべんちょうたん》なり。即ち是れ円徳の実義なり。

【原漢文】

又云ク。麼字転声シテ名クレ瞞ト。即チ是レ妙徳之一字ノ真言、是レ円満具足之義ナリ。言フ二文殊童身ト一者、四徳ノ中之我波羅蜜ナリ。無ク二智トシテ而不ルコトレ妙ヘニ、無シ二徳トシテ而不ルコトレ円ニ。二美具足シ、四辯澄湛ナリ、即チ是レ円徳之実義ナリ。

【用語釈】

「又云わく」『大日経疏』巻第十（【大正】三九・六八六下）に「瞞、文殊師利なり。本体即是れ空」とある文を参照。

「四徳」　涅槃すなわち覚りの境地を表す四種の特徴、永遠に続き（常）、楽しい（楽）、自己の特性を伸長する（我）、清らかな環境（浄）、以上四つの特徴を指す。

「二美」　智慧（精神的）と福徳（物質的）の両面をいう。

「四辯」　法無碍弁（教えに欠点がない）、義無碍弁（教えの意味を十分知っていて滞りがない）、辞無碍弁（言葉が自在で滞りがない）、楽説無碍弁（衆生のために説くことをお願いしてもすぐに受け入れてくださる）。

（8）損己益物《そんこやくもつ》の実義

【現代表現】

また次のようにいわれる。麼字に第十一番目の字母である aṃ 字の空点を加えた字は鋡《まん》字と名づけられる。これは不動尊の（一字）真言である。この不動尊は過去・現在・未来の三世の十方にいます一切諸仏が祖師と仰ぐ方であり、大乗仏教の四十二の段階を順番に上って修行するあらゆる菩薩が帰依し崇める尊である。とはいえ見た目には召使のように左眼を閉じ、奴隷のようにザンバラ髪をした身分の卑しい容貌をして、実際は修行の完成した尊い地位にありながら、それを隠して行者の残り物を食らって、主人に仕える初心者の姿をしている。以上が修行の位は高いが、奢ることなく、己を損なって他に尽すという麼字の本来の意味である。

【読み下し文】

又云わく。麼字第十一の転を鋡《まん》と名づく。此れは是れ不動尊の心《しん》なり。此の尊は三世十方一切諸仏の祖師、四十二地一切菩薩の所尊《しょそん》なり。然りと雖も使者の眇相《みょうそう》を現じて奴僕《ぬぼく》の垂髪《すいほつ》を示し、已成《いじょう》の尊位《そんい》を屈して初心の遺穢《いえ》を飡す。是れ則ち高けれども奢《おご》らず、損すれども盈《よう》を招く。即ち是れ損己益物の実義なり。

【原漢文】

又云ク。麼字第十一ノ転ヲ名レク鋡《マム》ト。此ハ是レ不動尊之心也。此ノ尊ハ者三世十方一切諸仏之祖師、四十二地一切菩薩之所尊ナリ。雖モレ然リト現シテ二使者之眇相ヲ一示シ二奴僕之垂髪ヲ一、屈シテ二已成之尊位ヲ一浪ス二初心之遺穢ヲ一。是レ則チ高レトモ而不レ奢《ヲゴ》ラ、損スレトモ而招クレ盈ヲ。即チ是レ損己益物之実義ナリ。

【用語釈】

「又云わく」『大日経疏』巻第十（【大正】三九・六八五中）に、不動尊の真言がある。

「心」 心真言すなわち一字真言。

「四十二地」 菩薩の修行段階である、十住・十行・十回向・十地・等覚・妙覚の四十二の階梯。

「眇相」 左眼を閉じた顔容。

「垂髪」 髪をくくらず垂らしたままの状態。

「遺穢」 汚い残り物。

「盈を招く」 完璧さを招き寄せる。

(9) 円融《えんにゅう》大我《だいが》の実義

【現代表現】

もし麽字の本来の教えである大我の境地に達すれば、この中にあらゆるものを取り入れていて、どれ一つとして含まれないものはない。こういった点について経典などに次のようにいわれている。「我れはそのまま真理の世界そのもの(法界)であり、我れはそのまま真理を身体とする身(法身)である。我れは大日如来であり、我れはまた金剛薩埵である。我れは一切の仏でもあり、我れは一切の菩薩でもある。我れは縁覚でもあり、我れは声聞でもある。我れは大自在天でもある。我れは梵天でもあり、我れは帝釈天でもある。それだけではなく我れは天・竜・鬼神・八部衆等でもある。この世に存在する生きとし生ける者やいのちを持たぬものたち、これらすべてが麽字でないものは存在しない。これらは一であってそのまま多でもある。小であっても大をことごとくその中に含んでいる。」このような意味において、以上のように万物が円かに融け合ったような大我を、円融の本来の意味と名づけるのである。

【読み下し文】

若し麼字の吾我門《ごがもん》に入《い》りぬれば、之に諸法を摂するに一一の法として該《か》ねざること無し。

故に経に云く。「#我則法界、我則法身、我則大日如来、我則金剛薩埵、我則一切仏、我則一切菩薩、我則縁覚、我則声聞、我則大自在天、我則梵天《ぼんでん》、我則帝釈《たいしゃく》、乃至我則天竜鬼神八部衆等なり。一切の有情非情《うじょうひじょう》、麼字にあらざること無し。是れ則ち一にして能く多なり。小にして大を含《がん》ず。」故に円融の実義と名づく。

【原漢文】

若シ入ヌレハ二麼字之吾我門ニ一、摂スルニ二之ニ諸法ヲ一無シ二一一ノ法トシテ而不ルコト一レ該ネ。

故ニ経ニ云ク。我則法界、我則法身、我則大日如来、我則金剛薩埵、我則一切仏、我則一切菩薩、我則縁覚、我則声聞、我則大自在天、我則梵天、我則帝釈、乃至我則天竜鬼神八部衆等ナリ。一切ノ有情非

情無レシ不二ルコト麼字一ニ。是レ則チ一ニシテ而能ク多ナリ。小ニシテ而含レス大ヲ。故ニ名二ク
円融之実義一ト。

【用語釈】

「吾我」 もともと個我という意味であるが、密教の立場から見ればすべてを肯定的に包み込む大我を意味する。【小田】（四四三）は「如来円融の八自在の大我をさす」と釈す。

「経に云く」 経典中に直接この文を記したものは見当たらない。「疏の処々の文を取って引く本は大日経の阿闍梨真実智品及び瑜伽の大本の中に出ず。故に本に約して経に云くと云う也」（【曇寂】三一八下）の見解が伝統説の代表であろう。ただし【栂尾】（三一六頁・注⑩）は「これは大日経疏第二十（大正三九・七八八頁下）に「瑜伽の中に云く」として引用せるものによられた」と見ている。

「我則法界、我則法身、我則大日如来」 順次に種（字）、三（昧耶形）、尊（形）を表す。宥快（【略鈔】一九九下）は一義にはとして紹介している。【小田】（四四三―四四四）もそのように記す。【那須】（一六五）は挙げているが、かならずしもそのように解せずと

もよいという。

「金剛薩埵」 大日如来から密教の法を授かった第二の祖師。

「大自在天、梵天、帝釈（天）」 いずれもインドの外教から仏教に転じた護法の神で、密教では天部に属する尊。

「八部衆」 外教から取り入れられ、仏法を護持するようになった鬼神の代表を挙げる。天神《てんじん》、竜神《りゅうじん》、夜叉《やしゃ》、乾闥婆《げんだつば》、阿修羅《あしゅら》、迦楼羅《かるら》、緊那羅《きんなら》、摩喉羅迦《まごうらか》の八鬼神。

＃【小田】（四四四）は「〔法界〕は所入の法、〔法身〕は自性法身、〔大日如来〕は自受用身、〔金剛薩埵〕は他受用身、〔一切仏〕は変化身等の如来、〔我則一切菩薩（中略）八部衆等〕は等流身で、此の全文に四種法身を見ることが出来る」という。

Ⅲ　吽字の総合釈

1　四字と四身

【現代表現】

これまでは　吽字を構成する訶、阿、汙、麼の四字を主題にして、各字の本来の意味をそれぞれ別個に章立てして説明してきたが、次にこれら四字を合わせた hūṃ の一字が持つ意味を説明する。それらを四種法身に当てはめれば、阿字は法身、訶字は自受用報身、汙字は他受用応身、麼字は変化身の意味を持つ。この四種の仏身をもって現実に存在するもののすべてに当てはめてみると、どれ一つとして含まれないものはない。

【読み下し文】

次に合して釈せば、此の吽は四字《しじ》を以て一字を成ず《じょう》。いわゆる四字と者、阿訶汙麼なり。阿は法身の義。訶は報身の義。汙は応身の義。麼は化身の義なり。此の四種を挙げて彼の諸法を摂するに、括《くく》らざる所無し。

【原漢文】

次ニ合シテ釈セハ者、此ノ吽ハ以テ二四字ヲ一成ス二一字ヲ一。所ルレ謂四字ト者、阿訶汙麼ナリ。阿ハ法身ノ義。訶ハ報身ノ義。汙ハ応身ノ義。麼ハ化身ノ義ナリ。挙テ二此ノ四種ヲ一摂スルニ二彼ノ諸法ヲ一、無シレ所レ不ルレ括ラ。

【用語釈】

「四身」　ここで取り上げられている四種の仏身は、通常の大乗仏教で説かれる、法・報・応・化の四種身である。ところがここではこの四種身を密教の四種法身に見立てている。宥快【略鈔】（二〇一下）は「一義に云う。自性受用変化等流の四種法身と了簡の事も候えども守護経に摩字化身の義を説かれ候わば常の変化で候。その上、等流身直に化身と名づけたる本文分明ならざる処で候間、今の四身は法報は次の如く理智の二法、法身応身は受用身、化身は変化身と心得べきか」という一説も取り上げている。四種身を四字、四種法身に配する説について【曇寂】(三二〇上下)は次のように説明してい
る。【小田】(四四五)もそれによっている。以下の説明の各後半部の( )内の解釈は、【曇寂】説の要約である。

「法身」 真理そのものを仏の身体に見立てる。(阿字―本初不生の義、所依の法体)。

「報身」 過去世の諸行の報いとして生まれた仏身。(訶字―自受用報身の義、ha字は因縁という意味で、因縁により報いられた身、ここでは理智相応の意味を持つ)。

「応身」 具体的な体を持ち現世に現れた仏身。(汙字―他受用応身の義、身量に限界があり、生滅の相を示すから汙字損減という意味にかなう)。

「化身」 人間や動植物の姿をとって現れた仏身。(麼字―変化身の義、多数の身を現じ衆生を救済す。それは虚空が一切処に行き渡って示現するに似ているから、大空の意味を持つ麼字に相当する)。

2　吽字の個別相

【現代表現】

以上のように吽字の一字全体については、すべての存在を覆い包み込む。そのように、吽字を四字に分けた各々の字もまた同様にあらゆる存在物を包み込むことを以下に述べる。

本初不生を表す阿字門は、あらゆる真如（真理）、法界（真理の世界）、法性（真理という性）、実際（真理の極み）等の理《ことわり》をすべて含め、収めないものはない。

教えの因縁を表す訶字門は、あらゆる内の教え（仏教）と外（外道）の教え、大乗と小乗の教え、権《かり》の（補助的な）教えと実（真実）の教え、顕教と密教といった教えをすべて含め、収めないものはない。

行の損減を表す汙字門は、仏教や外道のあらゆる行、声聞・縁覚・菩薩の三乗の行、それに人乗と天乗を加えた五乗の行をすべて含め、収めないものはない。

果の徳を表す麼字門は、あらゆる修行と教えの成果をすべて含め、収めないものはない。このように吽字には、理・教・行・果が悉く含まれ、真理という真理がすべて、現象という現象がすべて、これら一切合切を含み、それらを収めた状態を保持している。だからそれらをすべて保ち持つもの、すなわち總持と名づけるのである。

【読み下し文】

且く別相を以て言わば、
阿字門を以て一切の真如《しんにょ》、法界《ほうかい》、法性《ほっしょう》、実際《じっさい》等の理《り》を摂《せっ》するに、摂せざる所無し。
訶字門を以て一切の内外、大小、権実、顕密等の教えを摂するに、摂せざる所無し。
汙字門を以て一切の行、三乗、五乗等の行を摂するに、摂せざる所無し。
麼字門を以て一切の果法を摂するに、摂せざる所無し。理理尽《ことごと》く持し、事事悉く摂す。故に總持《そうじ》と名づく。

【原漢文】

且ク以テ二別相ヲ一言ハハ、

以テ㆓阿字門ヲ㆒摂スルニ㆓一切ノ真如法界法性実際等ノ理ヲ㆒、無シ㆑所㆑不ル㆑摂セ。

以テ㆓訶字門ヲ㆒摂スルニ㆓一切ノ内外大小権実顕密等ノ教ヲ㆒、無シ㆑所㆑不ル㆑摂セ。

以テ㆓汙字門ヲ㆒摂スルニ㆓一切ノ行三乗五乗等ノ行ヲ㆒、無シ㆑所㆑不ル㆑摂セ。

以テ㆓麼字門ヲ㆒摂スルニ㆓一切ノ果法ヲ㆒、無シ㆑所㆑不ル㆑摂セ。理理尽ク持シ、事事悉ク摂ス。故ニ名ク㆓總持ト㆒。


【用語釈】

「真如、法界、法性、実際」　いずれも真理の意味を持つ表現。

3　吽字の共通相

【現代表現】

　これまで吽字の四つの要素である阿字、訶字、汙字、麼字それぞれが摂し持つ理、教、行、果について述べたが、阿字の本不生、訶字の遠離因縁、汙字の不損減、麼字の吾我不可得などは、すべてがあらゆるものとかかわりを持つために、個々のものがすべてのものを含み摂している。それは帝釈天が製作した『声明論』の中の一語一語にすべての意味内容が具わっているに似ている。またこのことは皇帝伏羲がよくした八卦《はっか》や六爻《りっきょう》の算木に万象をすべて含みとっているようなものである。

【読み下し文】

若し通相を以て釈せば、各各に理・教・行・果等を摂して摂せざる所無く、尽さざる所無し。猶《なお》し因陀羅宗《いんだらしゅう》の如くして、一切の義利悉く皆成就せり。又伏羲《ふくぎ》の六爻《りっきょう》の一一の爻の中に各々《おのおの》万像を具するが如し。

【原漢文】

若シ以テ二通相ヲ一釈セハ、各各ニ摂シテ二理教行果等ヲ一、無ク レ所 レ不ル レ摂セ、無シ レ所 レ不ル レ尽サ。猶シ如クシテ二因陀羅宗ノ一、一切ノ義利悉ク皆成就セリ。又如シ三伏羲ノ六爻ノ一一ノ爻ノ中ニ各オノ具スルカ二万像ヲ一。

【用語釈】

「因陀羅宗」　帝釈天の造った文法書には、一字一句にすべての真理が宿っている。

「伏羲」　古代中国の三皇にかぞえられる聖帝。背中に八卦を負う亀を得た。

「六爻《りっきょう》」　また「ろっこう」とも読む。天・地・人の三に各々陰陽あり、六爻となる。

4　吽字の字相

【要旨】

吽字の全体像についてと、分割した四字に配せられるそれぞれの内容と全体像について述べたが、次に分割された四字についての外道、小大乗のそれぞれの表面的な見解を説く。


【現代表現】

次に、この吽（hūṃ）字の中に、訶（ha）字が含まれている。訶字はサンスクリット語の hetu の基字であって、それは因縁という意味を持ち、因縁から生じたものすべてのことをいう。このような教えについて、諸々の外教者や、仏教でも声聞・縁覚の二乗の者、大乗徒などがそれぞれの意見でもって教線を張り、論点を掲げて、相手の立場を誤りだと否定する。

あるいはまた、外教者や大小乗者たちの中には、自我に対する執着、存在に対する執着、因とか果に対する執着、この世を常と見たり、固定的な我の存在にこだわったり、誤った考えを持つ者がいる。これらの者は吽字の中に含まれる麼字の一点（空点）に収められてしまう。これらの者は有にこだわり、妄執を増す輩であって、まだ中道を会得していない。

あるいはまた、その逆に個我は存在しない、存在物にも個我は存在しない、因も無ければ果も無い。常住なものも無ければ、個我も存在しないということに執着する者も、汙字の持つ損減の否定的な点に収められていて、まだ中道にかなっていない。

あるいはまた、空でもない、有でもない、常でもない、断でもない、一でもない、異でもない、ということに執着する者は、吽字に含まれる阿字の持つ非の意味の否定的な面に収められている。

あるいはまた、生でない、滅でもない、増でなく、減でもない等の八不に執着する者はまた阿字の持つ不の意味の否定的な面に収められている。

あるいはまた、色でない、形でない、言でない、説でないということに執着する者はまた阿字の持つ無の意味の否定的な面に収められている。

これらは皆真実の意味にまだかなっているとはいえず、どれもが否定面にのみとどまった議論である。

【読み下し文】

復次に此の吽字の中に訶字有り。是れ因なり。因縁所生の法なり。此の法の中に於いて諸の外道、二乗及び大乗教等の教網紛紜《きょうもうふんぬん》として各々《おのおの》旗鼓《きこ》を挙げて争って偽帝《ぎてい》と称す。

若しは外道、若しは二乗、若しは大乗、有人《うにん》・有法・有因・有果・有常・有我と執《しつ》する、是らは皆是れ麽字の点の中に摂す。即ち是れ増益《ぞうやく》の辺なり。未だ中道を得ず。

若し無人・無法・無因・無果・無常・無我と執する等は、即ち是れ汙字の点の中に摂す。即ち是れ損減の辺なり。亦未だ中道に会《かな》わず。

若し非空・非有・非常・非断・非一・非異と執する等は、阿字の中の非の義の中に摂す。

若し不生・不滅・不増・不減等の八不を執する等は、又阿字の中の不の義の中に摂す。

又若し無色・無形・無言・無説と執する等は、亦阿字の中の無の義の中に摂す。

亦未だ真実の義に会《かな》わず、並びに是れ遮情《しゃじょう》の辺なり。

【原漢文】

復次ニ此ノ吽字ノ中ニ有リ二訶字一。是レ因ナリ。因縁所生ノ法ナリ。於テ二此ノ法ノ中一ニ諸ノ外道二乗及ヒ大乗教等ノ教網紛紜トシテ各オノ挙テ二旗鼓一ヲ争ツテ称ス二偽帝一ト。若ハ外道、若ハ二乗、若ハ大乗、執スル二有人有法有因有果有常有我一ト、是レ等ハ皆是レ麼字ノ点ノ中ニ摂ス。即チ是レ増益ノ辺ナリ。未タレ得二中道一ヲ。若シ執スル二無人無法無因無果無常無我一ト等ハ、即チ是レ汙字ノ点ノ中ニ摂ス。即チ是レ損減ノ辺ナリ。亦未タレ会ナハ二中道一ニ。若シ執スル二非空非有非常非断非一非異一ト等ハ、阿字ノ中ノ非ノ義ノ中ニ摂ス。

若《シ》執《スル》二不生不滅不増不減等《ノ》八不《ヲ》一等《ハ》、又阿字《ノ》中《ノ》不《ノ》義《ノ》中《ニ》摂《ス》。
又若《シ》執《スル》二無色無形無言無説《ト》一等《ハ》、亦阿字《ノ》中《ノ》無《ノ》義《ノ》中《ニ》摂《ス》。
亦未《タ》レ会《ハ》二真実《ノ》義《ニ》一、並《ニ》是《レ》遮情之辺《ナリ》。

【用語釈】

「八不」　不生、不滅、不常、不断、不一、不異、不来、不去の八種の否定。もともと竜樹の『中論』に説かれているが、ここで挙げられているのはその変形の一。

「遮情」　世俗を否定すること。

5　吽字の字義

イ　吽字の字義とは

【現代表現】

現実に存在しているものの秘密の名称、本源的なコトバとか文字、真実の語、真実のままの言葉、これらをまだ十分に理解していない者が発する言葉とか、抱いている考えとか、それを行動に移した修行等はすべて真実に逆らったものであり、どれもが概念化されただけの空虚な内容を持つものに過ぎない。もともと究極の真理を知ってはいないからである。

この点に関して、竜猛菩薩は『大智度論』（【大正】二五・三三六中下）に「仏法の中には、二種類の真理がある。一つは世俗におけるまやかしの真理、二つ目は宗教的な絶対の真理である。世俗の真理の立場から見れば、仏以外にも衆生があると説き、絶対の真理の上では、仏も衆生も区別がないから、とくに衆生を取り上げないで、あらゆる衆生は無い」と説いている。

またそれとは違った説き方もある。すなわち「また二種類の考えがある。本源的なコトバや文字のありよう、ないし秘密の名称を知らない者のために、絶対の真理においては、衆生は無いと説き、本源的なコトバ、文字などの真実を知る者のために、衆生はあり」と説く。人々の中でこの吽字等の秘密の名称や秘密の意味をよく知っている者を、正しく真理を知る者と名づける。このような人は、菩提心を発《おこ》すと同時に正しい覚りを身に付け、仏の教えを正しく宣布することが出来る。まさにこの究竟の真実を知っているからである。

【読み下し文】

若し未だ諸法の密号、名字《みょうじ》の相、真実語《しんじつご》・如義語《にょぎご》を解せざる者の、所有《しょう》の言説《ごんぜつ》、思惟《しゆい》、修行等は悉く是れ顚倒《てんどう》なり。悉く是れ戯論《けろん》なり。真実究竟《くきょう》の理を知らざるが故に。故に竜猛菩薩《りゅうみょうぼさつ》の云《のたま》わく。「仏法の中に二諦《にたい》有り。一《ひとつ》には世諦《せたい》、二《ふたつ》には第一義諦《だいいちぎたい》なり。世諦の為の故には、衆生有りと説き、第一義諦の為の故には、衆生所有無し」と説く。「復二種有り。名字の相、密号を知らざる者の為には、第一義の中に衆生無しと説き、名字の相、密号を知る者の為には、第一義の中に衆生有り」と説く。若し人有って、能く此の吽字等の密号密義を知るをば則ち正遍知者《しょうへんちしゃ》と名づく。いわゆる初発心《ほっしん》の時に便《すなわ》ち正覚を成じ、大法輪を転ずる等は、良《まこと》に此の究竟《くきょう》の実義を知るに由《よ》ってなり。

【原漢文】

若シ未タレ解セ二諸法ノ密号名字ノ相真実語如義語ヲ一者ノ、所有ノ言説思惟修行等ハ悉ク是レ顛倒ナリ。悉ク是レ戯論ナリ。不ルカレ知ラ二真実究竟ノ理一ヲ故ニ。故ニ竜猛菩薩ノ云ハク。仏法ノ中ニ有リ二二諦一。一ニハ者世諦、二ニハ者第一義諦ナリ。為ノ二世諦一ノ故ニハ、説キレ有リト二衆生一、為ノ二第一義諦一ノ故ニハ、説ク三衆生無シト二所有一。復有リ二二種一。為ニハ下不ルレ知ラ二名字ノ相密号一ヲ者上ノ、説キ三第一義ノ中ニ無シト二衆生一、為ニハ下知ル二名字ノ相密号一ヲ者上ノ、説ク三第一義ノ中ニ有リト二衆生一。若シ有テレ人、能ク知ルヲハ二此ノ吽字等ノ密号密義一ヲ則チ名ク二正遍知者一ト。所ルレ謂初発心ノ時ニ便チ成シ二正覚一ヲ、転スル二大法輪一ヲ等ハ、良トニ由テレ知ルニ二此ノ究竟ノ実義一ヲ也。

【用語釈】

「世諦」　世俗諦ともいう。諦とは真理のこと。衆生が生きている世俗の立場から見たまやかしの真理。

「第一義諦」　世俗諦の対語。仏の立場から見た真理。

「正遍知者」　正しく真理を了解した者。

「法輪を転ず」　仏法を正しく宣布することを、法の輪を回すことに譬える。

口　声聞の見解

【要旨】

吽字の一字の中に、声聞、縁覚、菩薩の三乗の人、顕教一乗と秘密一乗の人たちの因・行・果をも含めていることを、色々な例を挙げて明かす。

【現代表現】

次に、この吽字の一字の中に含まれている、声聞、縁覚、菩薩の三乗の人たちの因と行とその果について述べるのであるが、声聞、縁覚、菩薩の順に説いていく。

初めに声聞の人たちについてであるが、この吽字の中に、訶字が含まれている。これは因という意味である。『瑜伽師地論』巻二十一（【大正】三〇・三九五下）に述べられているように、声聞乗の人たちには、仏に成る可能性があるとか、無いといったその人に決まった種性、つまり宗教的な素質の有り無しを問題とするが、その生まれつき決まった性格ということが、因に当たる。

また悉曇文字の吽字は、その基字の下に汙字の三昧点（）がある。これは悉曇文字の約束からいえば修行に当たる。声聞の人たちの修行には、四諦の法、五停心観《ごじょうしんがん》、七方便等があり、これが行である。これらはいずれも煩悩を取り除くから、損減の字の表面的な意味に当たる。

声聞の人たちは身を灰にし、心を滅してまでして覚りの境地に入ることを究極の果と見做している。このことを吽字についていえば、吽字（）の上に空点（）が打たれている。この空点はサンスクリット語ではma字と関連するが、麽字は人《にん》に執着する我と、あらゆる存在物に執着する我を共に空と否定する意味を兼ねている。とりわけ人に関する我の存在を否定する考えは、声聞たちの覚りの拠り所である。以上のように声聞の人たちの覚りとする境地には、因、行、果が含まれている。


【読み下し文】

復次に、此の一字に約して三乗の人《にん》の因行果を明かさば、先ず声聞の人を明かし、次に縁覚に約し、後に菩薩を明かす。

初めに声聞を明かすと者《は》、此の吽字の中に訶字有り。即ち是れ因の義なり。伽《が》等に声聞乗の種性と云う者、是れ其の因なり。

下に汙字有り。是れ其の行なり。声聞の人の四諦の法、五停心観《ごじょうしんがん》、七方便《しっぽうべん》等、此れは是れ行なり。是れ汙字の字相、此れ其れに当たる。

今声聞の人は灰身滅智《けしんめっち》を以て究竟《くきょう》の果と為す。此の吽字の上に空点《くうでん》有り。是の空点は麼字の所生《しょしょう》なり。麼字は人法二空の義を兼ぬ。其の人空《にんぐう》の理は即ち声聞所証《しょしょう》の理なり。是れを声聞の人の因行果と名づく。


【原漢文】


復次ニ約シテ二此ノ一字ニ一明サハ二三乗ノ人ノ因行果ヲ一者、先ッ明シ二声聞ノ人ヲ一、次ニ約シ二縁覚ニ一、後ニ明ス二菩薩ヲ一。

初ニ明ス二声聞ヲ一者、此ノ吽字ノ中ニ有リ二訶字一。即チ是レ因ノ義ナリ。伽等ニ云フ二声聞乗ノ種性ト一者、是レ其ノ因也。

下ニ有リ二汙字一。是レ其ノ行也。声聞ノ人ノ四諦ノ法五停心観七方便等、此ハ是レ行也。是レ汙字ノ字相、此レ其レニ当ル也。

今声聞ノ人ハ灰身滅智ヲ以テ為ス二究竟ノ果一ト。此ノ吽字ノ上ニ有リ二空点一。是ノ空点ハ者麼字ノ所生ナリ。麼字ハ兼ヌ二人法二空ノ義一ヲ。其ノ人空ノ理ハ即チ声聞所証之理ナリ。是ヲ名ク二声聞ノ人ノ因行果一ト。

【用語釈】

「伽等」　一説には『楞伽経』、『瑜伽師地論』などを指すというが、五種の種性を説く『瑜伽師地論』第二十一（【大正】三〇・三九五下等）よりの引用文と見る。

「三昧点」　悉曇文字の十二点を、因、行、証、入に配当すると、第一点（因）、第二—第十（行）、第十一（証）、第十二（入涅槃）となる。この行に当たるのが三昧点である。

「四諦の法」　苦（この世での思い通りにならぬこと）・集（苦の原因を究める）・滅（苦の原因を無くする）・道（その実践法、十二因縁を観ずる等）の四種の真理。

「五停心観」　邪心を停止するための五種の観法、すなわち不浄観、慈悲観、因縁観、界分別観、数息観。

「七方便」　初心の修行段階に七位ある、その方便となる観法。

「灰身滅智」　身を灰にし、心まで滅して、身心とも安らかな涅槃（覚り）の境地に入る。小乗仏教徒が理想とする状態。

「空点」　悉曇文字の上部に付ける点。

「人法二空」　個我（人）とすべての存在物（法）にあるとされる我を、共に空として否定する思想。

ハ　縁覚の見解

【現代表現】

　次いで縁覚について述べる。『瑜伽師地論』等に説く縁覚の種性等は、因のことである。吽字の中には訶字が含まれている。訶字は前述のように因という意味を持つ。縁覚もまた十二因縁、四諦、七方便等を観法に取り入れている。この吽字の下に汙字がある。これは訶字の下に付けた三昧点であって行に相当する。縁覚もまた個我を空として否定する考えを持っている。これがその果であって、因・行・果をすべて具えている。これらの点については、先の声聞の場合に倣って知るがよい。

【読み下し文】

次に縁覚を明かさば、伽《が》等に謂う所の縁覚乗種性《しゅじょう》等は、是れ其の因なり。此の吽字の中に訶字有り、是れ其の因なり。縁覚も亦十二因縁、四諦《したい》、方便等を観ず。此の吽字の下《しも》に汙字有り。是れ其れに当たる。縁覚も亦人空の理を証ず。是れ其の果なり。上《かみ》に准じて之を知れ。

【原漢文】

次ニ明サ二縁覚ヲ一者、伽等ニ所ノレ謂フ縁覚乗種性等ハ、是レ其ノ因也。此ノ吽字ノ中ニ有リ二訶字一、是レ其ノ因也。縁覚モ亦観ス二十二因縁四諦方便等ヲ一。此ノ吽字ノ下ニ有リ二汙字一。是レ其レニ当ル也。縁覚モ亦証ス二人空ノ理ヲ一。此レ其ノ果也。准シテレ上ニ知レレ之ヲ。

【現代表現】

次いで菩薩について述べる。『大日経』、『金剛頂経』等に、「菩薩たる人は、覚りそのもの（菩提心）を因と為し、仏の絶対的な悲の心（大悲）を根本と為し、救済の活動（方便）を究極の目標と為す」と、いわゆる「三句の法門」といわれる教えが説かれている。今ここでいう吽字の基となる字は訶字である。このことは一切如来の覚りの心が因となることを説いている。悉曇の吽字の下に汙（ū）という三昧の画となる点がある。これは仏の絶対の悲の心があらゆる行に付随するということを表している。その上に大空点が付けられている。これは究極の大菩提である覚りの果を示している。

要するにこの吽の一字でもって、声聞、縁覚、菩薩の人々すべてに因と行と果等を含めていて、余すところがない。それだけではなく顕教の教え、密教の教えに従う人々も、以上の点に倣って知るがよい。

【読み下し文】

次に菩薩を明かさば、遮那経《しゃなきょう》、金剛頂経等に菩薩の人、菩提心を因と為《し》、大悲を根《こん》と為《し》、方便を究竟と為《す》と説く。今此の吽字の本体は訶字なり。是れ則ち一切如来の菩提心を以て因と為《す》るなり。下《した》に三昧の画《かく》有り。是れ大悲万行の義なり。上に大空点有り。是れ究竟大菩提涅槃の果なり。此の一字を以て三乗の人の因行果等を摂するに悉く摂して余《よ》無し。及以《および》顕教一乗秘密一乗の因行等、准じて之を知れ。

【原漢文】

次ニ明サハ二菩薩ヲ一者、遮那経金剛頂経等ニ説クニ菩薩ノ人菩提心ヲ為レ因ト大悲ヲ為レ根ト方便ヲ為トニ究竟ト一。今此ノ吽字ノ本体ハ訶字ナリ。是レ則チ一切如来ノ菩提心ヲ以テ為ルレ因ト也。下ニ有リ二三昧ノ画一。是レ大悲万行ノ義ナリ。上ニ有リ二大空点一。是レ究竟大菩提涅槃之果也。以テ二此ノ一字ヲ一摂スルニ二三乗ノ人ノ因行果等ヲ一悉ク摂シテ無レシ余。及以ヒ顕教一乗秘密一乗之因行等、准シテ知レレ之ヲ。

【用語釈】

「遮那経」『大毘盧遮那成仏神変加持経』の略名。通称『大日経』。

「金剛頂経等」『金剛頂経』に十八会十万頌あるとされるが、空海が『金剛頂経』という場合、これら膨大な量の金剛頂経系の経典のいずれか、もしくはその注釈書、儀軌類を指す。ここでは不空訳『般若波羅蜜多理趣釈』（【大正】一九・六〇八上）、『金剛薩埵五秘密修行念誦儀軌』（【大正】二〇・五三九上）。「等」は『守護国界主陀羅尼経』を指す。純密経典でないから、ここでは「等」で処理したとされる。

「三句の法門」『大日経』住心品第一に説かれる有名な教え。執金剛秘密主が「一切智智すなわち仏の絶対の智慧は何を因と為し、何を根と為し、何を究竟とするか」と問いかけたのに対し、毘盧遮那仏が「菩提心を因と為し、（大）悲を根本と為し、方便を究竟と為す」と答えた（【大正】一八・一中下）。

6　吽字の意義

【要旨】

これまで一切の経典ないし論疏の教説が、吽字の一字の中に込められていることを説明してきたが、これらの教えは、要するに『大日経』、『金剛頂経』に説かれる三句の法門に集約されることを示す。要するにあらゆる経典の教えが最終的に利他行の実践に導かれるのである。『吽字義』全体の結論の部分に相当するとみてよい。

【現代表現】

次にこの吽の一字の中に、顕密の経典、論疏が説くあらゆる思想が込められていることについて述べる。端的にいえば、『大日経』、『金剛頂経』の両部の大経が解き明かす教説を要約すれば、どれもがこの「菩提を因と為し、大悲を根と為し、方便を究竟と為す」という三句の法門に尽きる。膨大な幾多の経典をまとめて要約し、末端を整理し基本に戻るとすれば、すべての顕密の教えはこの三句を出ることはない。その上、さらにこの三句をまとめると吽字の一字になる。吽字の内容をどれほど拡張しても、その理論は破綻するところがなく、思い切って吽字一字に集約しても、その内容に欠けることはない。この点は如来の不思議な力であり、人間の能力を超えた大宇宙の力添えの結果である。たとい千巻の経典や万巻の論書を調べ上げても、この三句すなわち吽の一字を超えるものはない。この吽字の中に含まれた因・行・果等は以前に述べたので、それを参考にして知るがよい。

ただ付言しておきたいことは、この点は吽字の問題だけにとどまらない。その他の字門すなわちあらゆる悉曇文字に含まれた奥深い教えもこれと同様だということである。

【読み下し文】

次に此の一字を以て通じて諸経論等の所明《しょみょう》の理を摂することを明かさば、且《しばら》く大日経及び金剛頂経に明かす所、皆此の菩提為因《いいん》、大悲為根《いこん》、方便為究竟《にくきょう》の三句に過ぎず。若し広《こう》を摂して略に就き、末《まつ》を摂して本《ほん》に帰《き》すれば、則ち一切の教義、此の三句に過ぎず。此の三句を束《つか》ねて以て一《い》つの吽字と為《す》。広《こう》ずれども乱れず、略すれども漏《も》れず。此れ則ち如来不思議の力、法然加持の所為《しょい》なり。千経万論なりと雖も亦此の三句一字に出でず。其の一字の中に開く所の因行果等は前に准じて之を思え。只吽字に是の如きの義を摂するのみに非ず。所余《しょよ》の一一の字門も亦復是の如し。

【原漢文】

次ニ明下サハ以二テ此ノ一字一ヲ通シテ摂中スルコトヲ諸経論等ノ所明ノ理上ヲ者、且ク大日経及ヒ金剛頂経ニ所レ明ス、皆不レ過二キ此ノ菩提為因大悲為根方便為究竟之三句一ニ。若シ摂レシテ広ヲ就レキ略ニ、摂レシテ末ヲ帰レスレハ本ニ、則チ一切ノ教義、不レ過二キ此ノ三句一ニ。束二テ此ノ三句一ヲ以テ為二ス一ツノ吽字一ト。広スレトモ而不レ乱レ、略スレトモ而不レ漏レ。此レ則チ如来不思議ノ力法然加持之所為也。雖二モ千経万論一ナリト亦不レ出二テ此ノ三句一字一ニ。其ノ一字ノ中ニ所レノ開ク因行果等准レシテ前キニ思レヘ之ヲ。非三ス只タ吽字ニ摂二スルノミニ如レノ是ノ義一ヲ。所余ノ一一ノ字門モ亦復如レシ是ノ。

【用語釈】

「菩提心」『大日経』の本文では、三句の法門の最初の句は「菩提心を因と為し」であるが、ここでは「菩提を因と為し」とあり「心」が欠けている。『大日経』に対するブッダグヒヤ（Buddhaguhya）の注釈によれば、「菩提心に二種ある。一は菩提そのものの心である。二は菩提に向かう心である」と二種類の解釈があったことが知られる。また日本密教の伝統説においても、菩提心には所求の菩提心すなわち覚りを求める心と、能求の菩提心すなわち覚りそのものを心とする二種の菩提心が認められている。三句の法門の菩提心は、菩提を求めて向かうというよりも、覚りそのものを心とするという意味を持った心であると見なされるから、ここではあえて「心」を除き「菩提」とのみ記したとも受け取ることが出来る。

Ⅳ　吽字の総括としての利他行

【要旨】

『吽字義』は大小乗、それに顕密一切の教説の帰結が利他行に帰すことを解き明かしたが、最後に衆生救済の六種のテーマを掲げ、吽字を中心にしてその内容を説明する。伝統教学の術語ではそれを復次釈といい、合釈の中の別釈の一部に相当し、その別釈の第三節とされる（【小田】四六六）。本書では、それを吽字の解釈の総括に当たる利他行について の叙述と見て、別立した。吽字義の余論のように見えるが、結語ともいうべき内容を含むと考えられる。これら六種の中、初めの五種は、いずれも『大日経疏』巻第九（【大正】三九・六七三中下）の大力大護明妃《だいりきだいごみょうひ》の真言の説明文に依っている。第六の等歓喜の義は同じ『大日経疏』ではあるが、巻第十（【大正】三九・六八一中下）の観自在菩薩の真言を説く中の吽字の解説からの引用である。

1　擁護《おうご》の意味

【要旨】

大力大護明妃の真言が『大日経疏』巻九に記載されており、その真言の功徳として、一切の障害とか恐怖等を除く点が挙げられている。これは如来の一切の大力大護の徳を歎ずる所作と説明されている（【大正】三九・六七三中）。続いてこの真言の種子は唅（haṃ）と欠（khaṃ）の両字であり、以下の（功徳に関する）諸句はいずれもこの二字の転釈であると述べられている。ところがこの唅字と欠字はともに吽（hūṃ）字と直接関係しない。そこで唅字のhaは、hetuすなわち因の意であり、hūṃ字を介して、菩提心を因とする『大日経』の浄菩提心と繋がるとされる。

またhūṃ字はhū字に大空点たるṃ字を付すから、虚空に相当するという理由によって吽字と大力大護明妃とも関連付けられる。

【現代表現】

次に、この吽字には擁護という意味がある。悉曇文字の hū 字の上に大空点をつけて hūṃ 字となる。これは虚空の意味を持つ佉（kha）字門と関係し、大空という意味を表している。すなわち、これはすべての者を包み覆う、般若仏母である明妃つまり女尊でもある。

吽字の中に訶字を含み、それは因の意味を持つ。この虚空蔵の中に、菩提《さとり》の真の因となる種子を包み込み育てるから、この吽字は人々を完全に擁護するという意味をあわせ持つ。

【読み下し文】

復次に擁護の義と者、謂わく。上《うえ》に大空点《だいくうでん》有り、是れ佉《きゃ》字門なり。即ち是れ大空の義なり。即ち是れ般若仏母明妃《ぶつもみょうひ》の義なり。中に訶《か》字有り。是れ因の義なり。此の虚空蔵《こくうぞう》の中に於いて真因の種子《しゅじ》を含養《がんよう》す。即ち是れ大護《だいご》の義なり。

【原漢文】

復次ニ擁護ノ義ト者、謂ク。上ニ有リ二大空点一、是レ佉字門ナリ。即チ是レ大空ノ義ナリ。即チ是レ般若仏母明妃ノ義ナリ。中ニ有リ二訶字一。是レ因ノ義ナリ。於テ二此ノ虚空蔵ノ中一ニ含二養ス真因ノ種子一ヲ。即チ是レ大護ノ義也。

【用語釈】

「般若仏母明妃」　般若（prajñā）菩薩はその名が女性名詞であるので、母尊とみなされ、仏母と称せられる。明妃は女尊の意味とともに、陀羅尼としても取り扱われる。

2　自在能破《じざいのうは》の意味

【要旨】

『大日経疏』（【大正】三九・六七三下）に「佉字門は猶し虚空の畢竟清浄無所有、則ち是れ高峯観所知境界なり。訶字是れ菩提幢亦是れ自在力なり。此の二字相応する故に猶し大将の能く怨敵を破するが如し」とある文による。

【現代表現】

次に吽字には自在に相手を打ち破るという意味がある。この字には上に空点が付されている。これは虚空を意味する佉（kha）字門に相当する。佉字門とは虚空が常に清浄であって、何物も所有しないことと似ている。これは観法において高所から全体を見通し、全貌を的確に把握し、すべてを一つのものとして観じて得る境地に他ならない。吽字の中にある訶（ha）字は、菩提の象徴となる旗印である。これまた自在力である。大空点の佉字と、菩提の象徴である訶字が一体化して、名将が高い峯の上に旗を立て、高所から的確な指揮をとって宿敵を打ち破るように、吽字は自在能破の意味を持つのである。

【読み下し文】

復次に自在能破の義と者、謂わく上に空点有り。即ち是れ佉《きゃ》字門なり。佉字門は猶し虚空の畢竟清浄にして所有《しょう》無きが如し。即ち是れ高峯観所知《こうぶかんしょち》の境界なり。中に訶字有り、是れ菩提幢《ぼだいどう》なり。亦是れ自在力《じざいりき》なり。此の二字相応するを以ての故に、猶し大将の能く怨敵《おんじゃく》を破するが如し。故に自在能破の義と名づく。

【原漢文】

復次ニ自在能破ノ義ト者、謂ク上ニ有二リ空点一。即チ是レ佉字門ナリ。佉字門ハ猶シ如三シ虚空ノ畢竟清浄ニシテ無二キカ所有一。即チ是レ高峯観所知ノ境界ナリ。中ニ有二リ訶字一、是レ菩提幢ナリ。亦是レ自在力ナリ。以二ノ此ノ二字相応一スルヲ故ニ、猶シ如三シ大将ノ能ク破二スルカ怨敵一ヲ。故ニ名二ク自在能破ノ義一ト。

【用語釈】

「高峯観」　軍隊の総指揮官が高所に立って、全軍の配置を見極めた上で指揮をとるように、高所から邪も正も含め、全体的に把握し観法すること。

「菩提幢」　浄菩提心が覚りへの道筋を示す旗頭となることの喩え。

3　能満願《のうまんがん》の意味

【要旨】

『大日経疏』に「佉字門、虚空蔵と和合する故に、巧色摩尼を成ずることを得て、能く一切の希願を満ず」とある文による。

【現代表現】

次に吽字が人々のあらゆる願いを残らず満たすという意味を持つことについて述べる。願いを満たすという意味で、訶(ha)字門は菩提心の宝でもある。佉(kha)字門の虚空蔵菩薩と一体となっているので、如意宝珠をもってする修法が成就し、あらゆる人々のそれぞれの願いを満たすことが出来る。このことを能満願すなわち願い事を残さず満たすという。

【読み下し文】

復次に能満願の義と者、いわく訶字門は是れ菩提心の宝なり。佉字門の虚空蔵と和合するが故に、巧色摩尼《ぎょうしきまに》を成《じょう》ずることを得て、能く一切衆生の希願《けがん》を満たす。是れを能満願の義と曰う。

【原漢文】

復次ニ能満願ノ義ト者、謂ク訶字門ハ是レ菩提心ノ宝ナリ。与二佉字門ノ虚空蔵一和合スルカ故ニ、得テレ成スルコトヲ二巧色摩尼一ヲ、能ク満ス二一切衆生ノ希願一ヲ。是ヲ曰フ二能満願ノ義一ト。

【用語釈】

「巧色摩尼」　さまざまな色を持ち、人のさまざまな願いに応じて望みをかなえてくれる如意宝珠。

4　大力の意味

【要旨】

『大日経疏』（【大正】三九・六七三下）の「次の句に魔訶《まか》沫麗《ばれい》とは、翻じて大力という。

訶字の菩提心の中に一切の如来の力を具足す。今佉字と合する故に諸繫縛を離れ、復罣《け》
导《げ》無きこと虚空の中に風の自在に旋転するがごとし。故に大力と名づく。又訶字の自在
力と佉字の無量の巧度門と合するが故に、猶し力士の千種の技能を具足し、是の故に衆
人能く勝つ者なきが如し。故に大力と名づく。第七の句は此の大力の所由を釈す。故に
従一切如来功徳生という。此の大堅固力は、本《もと》諸仏の金剛種性猶《よ》り生ず。又無量劫於《よ》り
以来、常に此の訶字の真因をもって、具に佉字の万徳を修して、一一に皆金剛の破壊す
べからざるが如し。今衆説徳已に満じ、諸力悉く備う」に依っている。

【現代表現】

次に吽字には何物にも妨げられない偉大な力があることについて語る。吽字の中の訶字に含まれている菩提心（菩提心為因の因のサンスクリット語はhetu）は、一切如来が持つ十力等を具えている。ここで十力が吽字の空点である大虚空を意味する佉（kha）字と一体となるから、色々な捉われているものから解き放たれて、虚空の中で風が自由に吹きまわるように、完全にあらゆるものから解放される。そのために偉大な力と名づけ

られる。このように偉大で堅固な力は、もともと諸仏のダイヤモンドのように強く固い種族の生まれによるものである。その上、数えきれない歳月を経て常にこの訶字が持つ菩提の本来の因と一体化して共に仏道修行をしてきた。このように佉字が持つ幾万にも及ぶ功徳の一つ一つが具えて持つ、金剛杵のように破壊することが不可能な力、それが大力という意味である。

【読み下し文】

復次に大力の義と者、謂わく訶字の菩提心の中に一切如来の十力等を具足す。今佉字と合するが故に、諸繫縛《けばく》を離れて、復罣㝵《けいげ》無し。虚空の中の風の自在に旋転《せんでん》するが如し。故に大力と名づく。此の大堅固力は本《もと》諸仏の金剛種性《しゅじょう》より生ず。又無量劫より已来《このかた》常に此の訶字の真因を以て具に法行を修す。佉字の万徳一一に皆金剛の破壊《はえ》すべからざるが如し。是れを大力の義と名づく。

【原漢文】

復次ニ大力ノ義ト者、謂ク訶字ノ菩提心ノ中ニ具二‐足ス一切如来ノ十力等一ヲ。今与二佉字一合スルカ故ニ、離レテ二諸ノ繋縛一ヲ、無二シ復罣㝵一。如二シ虚空ノ中ノ風ノ自在ニ旋転一スルカ。故ニ名二ク大力一ト。此ノ大堅固力ハ本ト従二リ諸仏ノ金剛種性一生ス。又於ヨリ二無量劫一已来タ常ニ以二テ此ノ訶字ノ真因一ヲ具ニ修二ス法行一ヲ。佉字ノ万徳一一ニ皆如三シ金剛ノ不ルカレ可二破壊一ス。是ヲ名二ク大力ノ義一ト。

【用語釈】

「十力」　如来が所有する十種の不思議な力。

5　恐怖《くふ》の意味

【要旨】

「大日経疏」（【大正】三九・六七四上）に「次には即ち誠実の語を発す。いわゆる訡訡字なり。訡は是れ彼を恐怖せしむる声なり。重ねて之を言う所以は、一は外障を摧き、一は内障を摧く。復次に外は是れ煩悩障、内は是れ智障なり」とあるに依っているが、その中の吽字を吽字に代えている。

【現代表現】

次に吽字の持つ恐怖の意味について明らかにする。吽字は一切如来の真実に叶った言葉である。いわゆる存在するあらゆるものは因も無ければ、果もない。本来清浄で完全で静粛という意味である。そのためにわずかに菩提心を発《おこ》しさえすれば、直ちに菩提道場に坐し、仏法を正しく説き明かすことが出来る。吽字と一体化することによって、能くあらゆる仏法を覚り、一度念ずる毎に仏の絶対の智慧を具え、時を経ずして究極の覚りの境地に到達し、覚りの座である金剛座に坐すようになる。

観法の最中に四魔を始め様々な魔物が出現すれば、大慈三摩地の瑜伽に入り、魔物を恐怖させ降服させる。いわゆる四魔とは蘊魔《うんま》、煩悩魔《ぼんのうま》、死魔《しま》、天魔《てんま》である。このような魔軍を恐怖に陥れ、降伏させるのに失敗したことは一度もない。太陽がひとたび昇れば、暗黒状態がなくなってしまうことに似ている。

次いで、如来はどのような法を用いて、障害を与えようとやって来る者どもを恐れさせるのであろうか。それはこの吽字門を修してそれを行うのである。吽字の下の三昧の画《かく》（ū字の画）は、これは事細かく多くの行を修することを意味する。上に大空点がある。これは今までに完成したよろずの徳のことを示す。訶字は仏法の旗印である。三昧点と空点が一つになるのは、高峯観三昧の境地を示す。その上の空点は女尊たる般若母を表し、吽字の下の三昧画は般若母の胎内に宿った胎児が日ごとに成長することを表す。このような意味を持つため吽という声を発すれば、魔軍の障りはちりぢりに退散してしまう。以上が恐怖の意味である。

【読み下し文】

復次に恐怖の義と者、謂わく是の吽字者《は》、一切如来 誠実《じょうじつ》の語なり。いわゆる一切諸法無因無果、本来清浄円寂の義なり。是の故に纔《わずか》に菩提心を発《おこ》せば、即ち菩提道場に坐し、正法輪《しょうぼうりん》を転ず。此の相応に由《よ》るが故に、能く一切の仏法を証悟《しょうご》し、念念に薩般若《さはんにゃ》智《ち》を具し、直《じき》に究竟に到り、金剛座に坐す。

四魔《しま》現前《げんぜん》すれば、則ち大慈三摩地《だいじさんまじ》に入り、四魔等を恐怖し降伏《ごうぶく》す。いわゆる四魔と者、蘊魔《うんま》、煩悩魔、死魔、天魔なり。是《かく》の如く魔軍恐怖《くふ》し、降伏せざること無し。猶し日輪纔かに挙《あ》がれば、暗瞑《あんみょう》消退《しょうたい》するが如し。

復次に如来何《いか》なる法を以てか諸障《しょしょう》を恐怖するや。謂わく即ち此の吽字門を以ってするなり。下の三昧の画《かく》は即ち是れ具《つぶさ》に万行を修す。上に大空点《くうでん》有り。即ち是れ已成《いじょう》の万徳なり。訶字は即ち是れ法幡旗《ほうどうき》なり。三昧と空点と合するが故に、即ち是れ高峯観三昧《こうぶかんざんまい》なり。上の点は是れ明妃《みょうひ》の母《も》なり。下の画は是れ胎分日《たいぶんひび》に増《ぞう》す。是の如くの義の故に、適《まさ》に声を発《おこ》す時に魔軍散壊《さんね》す。即ち是れ恐怖の義なり。

【原漢文】

復次ニ恐怖ノ義ト者、謂ク是ノ吽字ハ者、一切如来誠実ノ語ナリ。所レル謂一切諸法無因無果本来清浄円寂ノ義ナリ。是ノ故ニ纔ニ発二セハ菩提心一ヲ、即チ坐二シ菩提道場一ニ、転二ス正法輪一ヲ。由二ルカ此ノ相応一ニ故ニ、能ク証‐二悟シ一切ノ仏法一ヲ、念念ニ具二シ薩般若智一ヲ、直ニ至二リ究竟一ニ、坐二ス金剛座一ニ。四魔現前スレハ、則チ入二リ大慈三摩地一ニ、恐‐二怖シ降‐三伏ス四魔等一ヲ。所レル謂四魔ト者、蘊魔煩悩魔死魔天魔ナリ。如ノレ是ノ魔軍無シレ不ルコト二恐怖シ降伏セ一。
猶シ如シ二日輪纔ニ挙カレハ暗瞑消退スルカ一。
復次ニ如来以カ二何ナル法ヲ一恐二-怖スル諸障ヲ一耶。謂ク即チ以スル二此ノ吽字門ヲ一也。
下ノ三昧ノ画ハ即チ是レ具ニ修ス二万行ヲ一。上ニ有リ二大空点一。即チ是レ已成ノ万徳ナリ。訶字ハ即チ是レ法幢旗ナリ。三昧ト空点ト合スルカ故ニ、即チ是レ高峯観三昧ナリ。上ノ点ハ是レ明妃之母ナリ。下ノ画ハ是レ胎分日ニ増ス。如ノレ是ノ義ノ故ニ、適ニ発スレ声ヲ時ニ魔軍散壊ス。即チ是レ恐怖ノ義也。

【用語釈】

「菩提道場」　釈尊が菩提樹の下で覚りを開いた場所。

「薩般若智」　一切智智すなわち仏の智慧のこと。

「四魔」　生命を奪い、又その原因となる四種の原因。蘊魔《うんま》（生物を成り立たせている五要素を破壊する魔）、煩悩魔（煩悩により健全な精神を破壊する魔）、死魔、天魔（世間に執着し、仏道に向かうことを忌避させる魔）。

6　等《とう》観《かん》歓《かん》喜《ぎ》の意味

【要旨】

『大日経疏』巻第十（【大正】三九・六八一中）に「吽字の中に訶字あり。是れ歓喜の義なり。上に大空点有り。是れ三昧なり。下に三昧の画有り。此の中の下の画字亦三昧なり。二の三昧中に行ずるなり。三世諸仏皆此の観に同じたまう故に、等観と名づくなり」とあり、本文はほぼこの記述を踏襲している。

【現代表現】

また次に、仏と平等にして一体となる喜びがある。この吽字の中に訶字が含まれている。これが喜びということである。吽字の上に大空（点）がある。これが三昧耶つまり覚り、すなわち自証の意味を表す。また吽字の下に、吽字の三昧耶の画字がある。これもまた化他の覚りである。自証（行者自身の覚り）と化他（その覚りを他者に及ぼす）、この二つの三昧耶を一体化して行を行う。三世の諸仏は皆このような観法を修されるために、仏と一体となり共に喜ぶという等観の意味を持つ。

【読み下し文】

復次に等観歓喜の義と者、此の吽字の中に訶字有り、是れ歓喜の義なり。上に大空有り、是れ三昧耶なり。下に三昧の画の字有り、是れ亦三昧耶なり。二《ふたつ》の三昧耶中に行ず。三世の諸仏皆此の観に同じたまう故に、等観の義と名づく。

【原漢文】

復次ニ等観歓喜ノ義ト者、此ノ吽字ノ中ニ有リ二訶字一、是レ歓喜ノ義ナリ。上ニ有リ二大空一、是レ三昧耶ナリ。下ニ有リ二三昧ノ画ノ字一、是レ亦三昧耶ナリ。二ノ三昧耶中ニ行ス。三世ノ諸仏皆同シタマフ二此ノ観一ニ故ニ、名ク二等観ノ義一ト。

あとがき

眼の前に文字がある。われわれは読んでその内容を理解しえたと思う。だがそれは単に文字面をたどったに過ぎない。その文字の奥には、如来の秘密の伝達事項が潜んでいる。文字はインドの伝統説によれば梵天が造られたものとされる。空海は『大日経』を典拠として、それは違う、文字は仏の眼で見れば法然《ほうねん》、つまり宇宙からの直接通信だと主張した。ここで文字というのは主として悉曇《しったん》文字を指すが、いずれの文字も、あらゆるいのちを包み込み、宇宙全体に広がるコトバの本源性と繋がる。このような言語観を始めて日本に紹介したのは空海である。それは『吽字義釈』の中に詳述されている。『吽字義釈』は『即身成仏義』、『声字実相義』と並んで、真言密教の教理を説く代表作とされ、合わせて空海の「三部書」と称されてきた。そのために『声字義』と『吽字義釈』は往々にして『即身義』の補助的な論と見なされがちである。しかしこの両書は空海の声と文字を主体とする、独自の言語哲学を披歴する独立の書として位置付けてよい。

本書は令和二年、高野山大学密教文化研究所において、十一回にわたり開催された祖典研究会の成果に基づく成果である。担当された土居夏樹、川崎一洸、北川真寛の三氏及び引き続き編集にたずさわって下さった春秋社の豊嶋悠吾氏に感謝の意を表したい。

令和三年四月十八日

著者　記す

〈著者紹介〉
松長有慶（まつなが　ゆうけい）
1929年、高野山生まれ。高野山大学密教学科卒業。東北大学大学院インド学博士課程修了。文学博士（九州大学）。高野山大学教授、同学長、同密教文化研究所所長、大本山寶壽院門主、高野山真言宗管長、全日本仏教会会長、真言宗長者等を経て、現在、高野山大学名誉教授、密教文化研究所顧問。専門は密教学。主著に『松長有慶著作集』〈全5巻〉（法蔵館）、『密教の歴史』（平楽寺書店）、『密教』『高野山』（岩波新書）、『秘密集会タントラ校訂梵本』『秘密集会タントラ和訳』（法蔵館）、『訳注　般若心経秘鍵』『訳注　秘蔵宝鑰』『訳注　即身成仏義』『訳注　声字実相義』（春秋社）がある。

訳注　吽字義釈《うんじぎしゃく》

2021年6月20日　初版第1刷発行

著　　者　**松長有慶**
発 行 者　**神田　明**
発 行 所　株式会社 **春秋社**
〒101-0021　東京都千代田区外神田2-18-6
電話　03-3255-9611（営業）
　　　03-3255-9614（編集）
振替　00180-6-24861
https://www.shunjusha.co.jp/
装 幀 者　本田　進
印刷・製本　萩原印刷株式会社

ISBN978-4-393-11349-3　　定価はカバー等に表示してあります

◎松長有慶の本◎

訳注　般若心経秘鍵

空海が真言密教の立場から『般若心経』を解釈した『般若心経秘鍵』を読解。現代的視点から語る「付録　般若心経に聞く」も掲載。『空海　般若心経の秘密を読み解く』の改題新版。

２４２０円

訳注　秘蔵宝鑰

世俗の段階からはじまり真言密教の段階に至るまでの十住心を説いた空海の代表的著作を、仏教用語から出典まで丁寧な解説を加え、わかりやすく読解した決定版。

３８５０円

訳注　即身成仏義

この身このままで仏になれる「即身成仏」の思想を、六大・四種曼荼羅・三密加持の側面から理論的に説いた空海の代表作に、仏教用語から出典まで丁寧な解説を加えた決定版。

２７５０円

訳注　声字実相義

文字・音声と、ものと仏との関係を独自の鋭い考察から論じた『声字実相義』に、仏教用語から出典まで丁寧な解説を加え、わかりやすく読解した決定版。

２７５０円

▼価格は税込（10％）。